テレビCMの逆襲

運用型CMで売上50億を2年で実現したテレシーCEOの実践広告論

土井 健

宣伝会議

テレビCMの逆襲

はじめに

ネット広告の世界から、テレビＣＭの世界へ

皆さんは毎日テレビを見ていますか？　朝起きたら必ずテレビをつける人もいれば、家にテレビがない人、スマホでテレビ番組を見ている人もいるかもしれません。実は私もそうなのですが、経営者やミドルマネジメント層など、働き盛りでテレビから少し遠ざかっている人もいるかもしれません。

私は、インターネット広告（以下、ネット広告）の世界で10年ほど過ごし、ネット広告の代理店事業やアドテクノロジーの事業開発などに携わってきた〝ネット側の人間〟です。そこからテレビＣＭの世界に飛び込むことになったのが2年ほど前。本当に何も知らないまっさらな状態でテレビというメディアを見てみると、そこには多くの可能性があり、広告メディアとして未だに最強であると感じました。

しかし、残念なことに、テレビＣＭの魅力はまだ多くの広告主企業に正しく伝わっていないように思います。テレビＣＭを出稿するのはかなり高額だというイメージが根強く、有名な大企業だけのものであって、自分たちには関係ないと思われていると感じることが多くあります。

実際に私が会話をした経営者の多くの方々が、テレビＣＭは数億円規模の予算を前提にキャンペーンが設計され、その規模に応じたクリエイティブ、メディアプランが大手広告代理店から提案されるもの、というイメージを持たれていました。まさにスタートアップや中小企業の経営者の皆さんにとっては「テレビＣＭはハードルが高い」「自分たちのものではない」と思われていたのです。

そんな状況も、運用型テレビＣＭの登場によって一変しました。ネット広告ほどではないものの、地域や期間の選び方によっては百万円程度から放映できることが認識され、誰でも出稿を検討できるメディアというくらいにそのハードルが下がってきています。

また、テクノロジーの進歩によって、ネット広告の考え方に近い指標でデータを可視化できるようになりましたし、放映によって獲得したデータをもとに次回のキャンペーン効果をさらに高めることができるようになりました。

本書は、まだ広く知られていないテレビＣＭの正しい魅力を、より多くの人たちに伝えることを目的としています。

やはりテレビは強い！と思う理由

私が「テレビＣＭは強い」と信じている理由は、私自身が広告主として数億円にもおよぶ広告費を自らの事業のマーケティング活動に投じたことによって得られた成功体験があるからです。

広告主としてテレビというメディアを見たとき、ほかのメディアにはない３つの大きな強みがあります。

一つ目は、短期間で多くの人に情報を届けられること。テレビ視聴者が減っているとは言われていますが、二人以上の世帯におけるテレビ普及率は95％を超えており、１日で全国数千万人に届けることができます。ここまでの大規模リーチはネット広告では出せません。

しかも、情報が届くスピードが極めて速いので、「今日ここでこんなイベントをやります」と伝えると、数時間後にはそのことを非常に多くの方が認識している。この即時性もテレビならではの強みだといえるでしょう。

二つ目は、ターゲットとして想定していなかった層にも届くという、巻き込める層の広さです。実際のクライアント事例から実感したこともあります。とあるソーシャルゲームを制作する会社では、30代男性をメインターゲットとして長年ネット広告で業績をあげていましたが、数年経ち伸び悩んできたためテレビCMを出稿してみたところ、それまでターゲットと想定していなかった50代男性の利用が一気に増えました。

デジタル広告のように粒度細かくターゲティングできないことはテレビCMの弱点とされてきましたが、そこが逆に強みになるということです。

三つ目は、興味関心を引き出す力。ぼーっと見ていたテレビCMについつい惹き込まれてしまい、気がついたら心を奪われていたという経験をしたことはありませんか？　めったにテレビを見なかった私でさえ、何気なく見ていたテレビCMに心が奪われて感動したことはあります。

ネット広告は人によって見ているデバイスが異なり、それぞれに最適化されますが、テレビという大きな媒体で、15秒や30秒の動画をリラックスしたタイミングで視聴してもらえることも影響しているのかもしれません。テレビＣＭとネット広告では次の日に思い出してもらえる確率が何十倍も違うというデータもあるほど、テレビＣＭは人々の脳裏に残りやすいという特長があります。

ほかにもテレビＣＭを出稿することの副次的効果などが多々ありますが、この3点だけを見てもテレビＣＭはかなり〝強い〟と思うのです。

四半期の売上高が設立2年目で17・9億円に

とはいえ、やみくもにテレビＣＭばかりを推すつもりはありません。本書の中でも繰り返し述べていますが、テレビＣＭは広告手法のひとつに過ぎず、商品・サービス特性や企業規模、タイミングによってはテレビ以外のメディアを活用したほうが効果があることも多々あります。商品や企業の魅力を広く認知してもらい、ファンを増やし、購買などの具体的なアクションにつなげる、そのためにどのようなキャンペーン設計をすべきかをメディアニュートラルに考えるというのが広告の基本です。

運用型テレビCMを主要事業とするテレシーが、タクシー広告やエレベーター広告など、テレビ以外のさまざまなメディアを使った広告事業を展開しているのはそのためです。

クライアントの事業を成長させること。繰り返しになりますが、広告はあくまでそのための手段の一つです。

当然のことながら、クライアントには無駄なお金を1円だって使ってもらいたくありません。予算や時間の制約がある中で、成し遂げたいゴールに到達するにはどうすべきか、私たちのメンバーはクライアントとじっくり膝を突き合わせて考えていき、そのために媒体費や制作費はいくらぐらい使うかという議論を繰り返します。私たちから「こういうCMをつくりたい」「こんな人を起用したい」といった発言をすることは絶対にしないですし、クライアントと同じ目線でやってきました。ここは我々テレシーの強みといえます。

そういった姿勢が、テレシーが高く評価されてきた理由なのでしょう。サービス開始から2年にも満たない2022年度第2四半期（4〜6月）の売上高は17・9億円、これは前年同期の

10・7倍に上り、当初の想定をはるかに上回るスピードで成長することができています。
本書では、2021年創業以来の歩みを踏まえ、どうやってここまでの急成長を遂げたのかについても余すことなくお伝えしていくつもりです。テレビというメディアが持つポテンシャルはもちろん、私たちテレシーの戦略についても明かしていきます。

恐らく、本書を手に取ってくださるのは、企業の経営者、マーケティング担当者・責任者、そしてテレビCMに関係しておられる方々ではないかと思います。まずは、そのような方々に、運用型テレビCMの登場によって一気に身近になったこのメディアの魅力を知ってもらう。そして、テレビCMに限らず、ボーダーレスになっていく広告業界での戦い方について、知って頂くことを目的としています。

ここから「テレビCMの逆襲」が始まる

テレシー事業がスタートした当時のクライアント層の中心は、「100万円からはじめられるテレビCM」という言葉に驚き、低予算でもテレビCMの出稿が可能だと知ったスタートアップ企業でした。これまでネット広告に費やしていた予算の一部をテレビCMに使うよう提案したところ、低予算であることに加えて、効果測定も可能だということで興味を示してくれました。

意外だったのは、新たなテレビCMの活用法を知った、ナショナルクライアントと呼ばれる大企業のクライアントからも問い合わせが増えてきたことです。大手広告代理店からテレシーに切り替えてくれた事例も増えてきています。

運用型テレビCMの登場により、より実効性の高い効果測定が可能になり、あらゆる業種において、さらなる成長をするための手段としてテレビCMが考えられるようになったという背景もあります。2020年以降、資金的に余裕があり、儲かっている会社がさらに儲かるという構図ができあがってきました。

また、ネット広告中心に出稿してきた企業が、顕在層のユーザーについてはほとんど広告が届いてしまい、それ以上ユーザーを獲得することの限界を感じていたタイミングでもあったのかもしれません。

その中で運用型テレビCMが資金面でのハードルを下げ、効果測定という価値提示をしたことで、多くの企業の「テレビCMをやってみよう」というチャレンジを後押しすることになったのではないかと思います。未曾有のコロナ禍にあるもかかわらず、運用型テレビCMをはじめとした新しい広告メディアの可能性を示すことにつながったような気がします。

２０００年代以降ネット広告が主役に躍り出て、「テレビはオワコン」などと言われるようになりましたが、まだまだテレビもテレビCMも終わっていません。それどころかさらなる秘めた力を持っていると私は信じています。地上波テレビの市場規模は、電通の「２０２１年　日本の広告費」によると、未だに１兆７１４８億円もあり、成長著しい運用型テレビCMについてはテレシーが２０２０年に行った市場調査によると２０２５年には９２０億円規模にまで拡大するとされています。

このポテンシャルを見過ごすなんてもったいなさすぎます。

今こそテレビCMの可能性を見直すとき。

さあ、ここから「テレビCMの逆襲」が始まります。

第2章 変わるマス広告「運用型テレビCM」が革命を起こす

第3章
どう使いこなす？運用型テレビCM

第4章 広告は未来への投資 事業成長への貢献が不可欠

第5章 マーケティングを制する者が、経営を制する

第1章

デジタル広告市場の拡大がもたらしたもの

フィーチャーフォン広告、アドテクノロジー領域を歩んだ10年

運用型テレビＣＭのポテンシャルと具体的な活用法について説明する前に、私自身の経歴を紹介しつつ、ネット広告市場の変遷を振り返ってみたいと思います。

折しも、私がネット広告の世界で過ごした10数年間（２００８年~２０１９年）は、テクノロジーとビジネスの両面においてネット広告が大きく動いた時期でした。そのような時期を経ているからこそ、運用型テレビＣＭのメリットとデメリットがクリアに見えるのです。

私は、大学を卒業した２００８年に株式会社サイバードに入社し、同社の新規事業であるモバイル広告代理業の営業職に就きました。当時の携帯電話はフィーチャーフォン（いわゆるガラケー）で、キャリアメニューを含む、フィーチャーフォンでユーザーを集めているサイトの広告枠を仕入れて、その枠をクライアントの課題を考えながら提案し売っていくという仕事をしていました。そこでは、顧客開拓のためにテレアポからメール営業など積極的に取り組んでいました。

フィーチャーフォン上でなんらかの売上につながる成果地点のあるクライアントがメインなので、金融系や人材サービスなど、今もネット広告でよく見かける業態は当時から主力クライアン

トでした。その頃のモバイル広告で特に勢いがあったのは、デコレーションメール（通称デコメ）や占いサイトなどのアプリサイト、フィーチャーフォンならではのコンテンツプロバイダなど。ｍｉｘｉ（ミクシィ）のログイン広告を3日間ジャックして数百万円といったメニューも、販売開始時点で売り切れになるほどモバイル広告も活況を帯びていました。

2008年といえばアメリカでリーマンショックが起きた年ですが、モバイル広告業界では大きな影響が見られず、しばらくはイケイケの状態。とはいえ、当時の私はフィーチャーフォン上でアクションが見えるような業態の、比較的広告を打てばすぐに売上に直結するようなクライアントとの付き合いが多かったので、リーマンショックの影響を多大に受ける状況ではなかったようです。

モバイル広告の手法はある程度不況にも強いと思っていましたが、あるときを境に売れ行きに翳りが出てきました。それまで多額の出稿があった人材系サービス会社などからくる申し込みがゼロになったのです。

一方で、そのような状況でも出稿していたのが、債務整理の法律事務所や金融関係、結婚情報サービスなどで、不況だからこそチャンスと捉える業界もあるということをこの時期に学びました。

ｆｌｕｃｔの代表に就任して売上高20億から１１４億に伸長

モバイル広告代理店で3年ほど過ごした後、２０１１年にＶＯＹＡＧＥ　ＧＲＯＵＰ（ボヤージュグループ・当時）に転職。ｆｌｕｃｔ（フラクト）というアドテクノロジー（アドテク）事業に携わることになり、当時普及しつつあったスマートフォン向けのＳＳＰ（サプライ・サイド・プラットフォーム）サービスの立ち上げに参画しました。

ＳＳＰとは、メディア向けにネット広告を効率的に配信する仕組み。それまではクライアントの課題解決が目的でしたが、今度はメディアサイドの収益の最大化が目的です。それまでは「効果を出しますから出稿してください」という仕事をしてきましたが、ＳＳＰでは提携しているアドネットワークやＤＳＰ（デマンド・サイド・プラットフォーム）から広告が流れてくる中で一番収益性の高い広告を自動的に選んで配信するメディアサイドの事業です。

ｆｌｕｃｔでは「メディアの成長を共創する」というミッションを掲げて、パートナー的な立場でメディアにコンサルティングしつつ、二人三脚で事業を進めていきました。

当時のＳＳＰ周辺にいた人々はメディア側の経験をもつ人ばかりで、自分のように広告主側と近い立場にいた人はほとんどいなかったので、クライアントがどのようなロジックで出稿するのかを知っていることは大いに強みになりました。クライアント側とメディア側という立ち位置の違いに加えて、フィーチャーフォンとスマホというデバイスの違いもありましたが、市場全体がどういった需要と供給で動いているかを把握すればメディア側にいっても広告主側のことを知っている分、むしろ深みをもって提案をすることができました。

この強みは、テレシーを始めた現在も活きています。広告主側、メディア側のどちらか片側だけ、自分だけの利益を追求するのではエコシステムとして成立しません。双方のプレイヤーをＷｉｎ－Ｗｉｎにする考え方ができ、かつそのバランスを取れることが、結局のところ産業の成長と事業の成功につながると思います。

ｆｌｕｃｔでは２０１９年まで約８年間働きましたが、その間私の立場はどんどん変わっていきました。最初は営業スタッフの一人としてメディアリクルーティングをしていましたが、１年ほどで本部長になり、２０１４年からはｆｌｕｃｔの取締役、親会社であるＶＯＹＡＧＥ　ＧＲＯＵＰの最年少執行役員に、２０１６年には株式会社ｆｌｕｃｔの代表取締役に就任しました。

経営に携わるようになった当時のｆｌｕｃｔの売上は20億円程度でしたが、市場規模が急拡大したタイミングとも重なり、国内ＳＳＰのトップシェアを占めるまでに急成長しました。インプレッション数（広告表示回数）は月３３０億回を超え、年間売上は１１４億円にまで達しました。

アドテク進化がもたらしたネット広告市場の拡大

ここからは改めて、ネット広告とアドテクノロジー（アドテク）の進化について簡単に整理してみようと思います。

ネット広告の発展は、表示デバイスの進歩とも大きく関わっています。ＰＣのブラウザから始まり、フィーチャーフォン、スマホへとデバイスが移り変わっていく中で、アドテクノロジーが進化していきます。デバイスの進歩に伴って人々の生活様式やネットとの関わり方が変化し、それに対応するようにテクノロジーが高度化・複雑化していきました。

はじめはサイト上に貼り付けられたバナー広告でした。バナーをクリックするとそのサイトに飛び、クリック数や表示回数は想定で提示されていましたが、実際はバナー掲載期間に応じて広告主から広告料を取るという仕組みでした。これは屋外広告などと同じように掲載期間に応じていくらといった期間保証で「枠を買う」という純広告の手法です。

次に、ブログなどに貼り付けられるアフィリエイト（成果報酬型）広告が登場。これは1個商品が売れたらいくら支払うというように成果が発生すると費用が連動して発生するものです。さらに、ウェブサイトやブログ、SNSなどの広告枠を束ねて売るアドネットワークも出てきました。

2000年代からはリスティング（検索連動型）広告、コンテンツマッチ（コンテンツ連動型）広告、ターゲティング広告、ソーシャル広告などの手法が主流になってきます。そして2010年代からはフィーチャーフォンからスマートフォンへ、デバイスが移行し始めた時期にあたります。

PCやフィーチャーフォンのネット広告は大規模なメディアが広告枠を設け、メディアレップなどを通じてその広告枠を販売する純広告から徐々に育ってきたのに対して、スマホ黎明期からCGM（コンシューマ・ジェネレイテッド・メディア）と呼ばれる消費者生成メディアもマネタイズできる手段としてアドネットワークという手法が存在していました。

そして、莫大なユーザー情報を処理できる〝アドテクノロジー〟の進歩は、「広告主」「メディア」「ユーザー」の三者のメリットを最大化することを目的にどんどん拡大していきました。「枠から人へ」ともいわれる流れが加速したのです。

２０１０年頃になると、広告枠を入札型インプレッション課金で取引するアドエクスチェンジという手法が広がっていきます。枠を買ってほしい複数のメディアと、その枠が欲しい複数の広告主がリアルタイム取引における〝広告主側〟の情報を一元管理するプラットフォームがＤＳＰ、〝メディア側〟の情報を一元管理するのが、ｆｌｕｃｔが提供していたＳＳＰです。

この仕組みはリーマンショックで金融業界から出ていったエンジニアたちが、自らの持つテクノロジーを広告の世界に持ち込んでできたものだといわれています。実際、アドエクスチェンジの入札・応札といったビッティングの仕組みは証券取引とかなり近いものがあります。

このようにリアルタイムのビッティングでターゲットや予算を変更できて、クリックやインプレッションに応じて課金するのが「運用型広告」。従来のマス広告のように広く浅くリーチするのではなく、ターゲットに対してピンポイントで広告を配信できるためムダがなく、効果が大きいというメリットがあります。しかも、広告の効果を表示回数やクリック数などのデータにより可視化でき、結果によって配信パターンやクリエイティブを細かくチューニングすることも可能です。

今や、ネット広告の主流ともいえるのが運用型広告で、アドテクの進歩とともにさらに拡大しています。

GAFAの台頭と、ネット広告をめぐる様々な課題

拡大の一途を辿るネット広告ではありますが、順調そのものに見えたｆｌｕｃｔが２０１６年度に過去最高の売上を出してから収益を伸ばしづらくなったことからもわかるように、同じ業界の企業全体が儲け続けられる状況ではなくなっていきました。

ここまで順調に伸びていったのに、なぜ成長が鈍化してしまったのか。

そこにＧＡＦＡという巨人たちが立ちふさがったのです。特に大きな脅威となったのがＧｏｏｇｌｅです。圧倒的な技術力でプラットフォームを構築するＧｏｏｇｌｅの勢いはすさまじいものがありました。ｆｌｕｃｔもＧｏｏｇｌｅの認定代理店としてＧｏｏｇｌｅプロダクトを提供

する協業関係にありましたが、自社サービスのＳＳＰ「ｆｌｕｃｔ」は、結局のところＧｏｏｇｌｅには太刀打ちできなかったということです。

ＧｏｏｇｌｅはＡｄＳｅｎｓｅ、ＡｄＭｏｂ、Ｇｏｏｇｌｅ ＡｄＭａｎａｇｅｒ、Ｇｏｏｇｌｅ ＡｄＥｘｃｈａｎｇｅといった広告プロダクトを提供し、広大なネット広告市場を創り出しました。しかし、この仕組みはルールをつくるプラットフォーマーにとってあまりにも有利です。ＧＡＦＡによるプラットフォームは広告市場そのものであり、代理店のほか、クライアントさえそれに従わざるを得ません。新しいテクノロジーが登場するたびにプラットフォームにも新たな機能が搭載され、その都度掲載ルールやシステムが変更されるなど、それによって振り回されることも少なくありません。

そもそもネット広告市場は大手プラットフォーマーの寡占状態にあり、検索連動型広告のシェアの７～８割をＧｏｏｇｌｅが占めています。

欧米ではこの状況が独占禁止法に抵触するとして提訴する動きがあり、日本国内でも経済産業省がＧｏｏｇｌｅ、Ｍｅｔａ（旧Ｆａｃｅｂｏｏｋ）、Ｙａｈｏｏ！ＪＡＰＡＮを「特定デジタルプラットフォーム提供者」に指定し、取引情報の開示を義務づける規制対象としました。

もうひとつ、近年のネット広告の流れの中で無視できないのが「コンバージョン（CV）」です。英語のコンバージョン（conversion）は「転換」「変換」といった意味ですが、ウェブマーケティングの世界では、ユーザーが狙い通りのアクションを起こす「成果」のことを意味します。

インターネットでは、ユーザーが商品購入や会員申込などのアクションを行うとそのログが残るので、そのような具体的な成果（コンバージョン）が表示回数やクリック数といった従来の指標より重視されるようになりました。広告を見た人がその後どのような行動を取り、どのくらい売上につながったかを可視化できることがネット広告最大の強みです。そして、テレビや雑誌などのレガシーメディアでは効果を可視化できないことが弱点として認識されるようになりました。

近年は直接的な効果が見られる広告しか評価されないという「コンバージョン偏重」が加熱しすぎたことにより、間接的なインプレッション効果も測定可能になりました。それにより表示直後にアクションにつながるような広告ばかりでなく、じわじわと広がったり、直接アクションにつながらなくてもブランド価値向上につながったりするような広告も評価されるようになりました。

このように最新のアドテクがネット広告の世界をより豊かにしてきました。

一方で、日本でも個人情報保護法が改正されるなど、ネット上におけるプライバシー規制も厳しくなる傾向にあります。欧米、東南アジア、南米など、世界各国でも同様の法制化が進んでいます。

そうした中で、ＡｐｐｌｅやＧｏｏｇｌｅなどのプラットフォーマーはサードパーティによるｃｏｏｋｉｅの利用制限を始め、スマホやタブレットのモバイル広告ＩＤも利用が制限されています。例えばＡｐｐｌｅのｉＯＳであれば、ＩＤＦＡという広告用の端末識別ＩＤが割り当てられており、クライアントはＩＤＦＡを使ってアプリ内でのユーザーのアクションを計測できましたが、２０２１年４月以降はＩＤＦＡによるトラッキングが制限され、ユーザーの許諾が必要になったのです。

ネット上でのあらゆる行動がデータとなってプラットフォーマーや広告主に利用されているユーザーサイドからすれば安心材料になるかもしれませんが、それらの貴重なデータを取得しにくくなることは少なからずネット広告業界に影響を及ぼすはずです。

電通×CARTA HOLDINGSの新会社トップに就任

　このようにネット広告業界が大きくなる中で、私自身はネット広告の世界からテレビCMの世界へと身を移しました。

　アドテク業界で８年ほど過ごした後、VOYAGE GROUPが電通グループ入りすることになり、私はPMI（ポスト・マージャー・インテグレーション）と呼ばれる統合に向けた諸業務を任されました。VOYAGE GROUPは東証一部上場を維持したまま、電通100％子会社のサイバー・コミュニケーションズと経営統合することになり、社名をCARTA HOLDINGS（カルタホールディングス）として、2019年1月に新組織がスタートしました。

　電通グループ入りするにあたり、それぞれの強みを掛け合わせて新しい領域に参入しようという電通サイドとCARTA HOLDINGSサイドの思惑が合致し、運用型テレビCM領域に参入することになりました。

　テレビCMにおいて圧倒的な強さを持つ電通と、アドテク領域で事業開発とプロダクト開発の強みを生かして急成長を遂げたCARTA HOLDINGSの、互いの強みを活かしてテレビ

ＣＭ業界に新たな風を吹かせることが狙いでした。私自身としても、ｆｌｕｃｔ経営を通じてＧＡＦＡの台頭が著しいアドテクの世界だけでの大きな成長は難しいと痛感していたので、新しいフィールドで挑戦していかなければいけないという思いもありました。

そうして２０２０年夏にスタートしたテレシー事業ですが、私がこの事業のトップに就くことは、実は直前まで決まっていませんでした。それが決まったのは、運用型テレビＣＭ事業開始のリリースを出す数日前のことでした。

事業開始時点では、どう進めていくかは具体的に決まっておらず、事業開発や仲間集め、

電通とCARTA HOLDINGSの経営統合で期待される効果

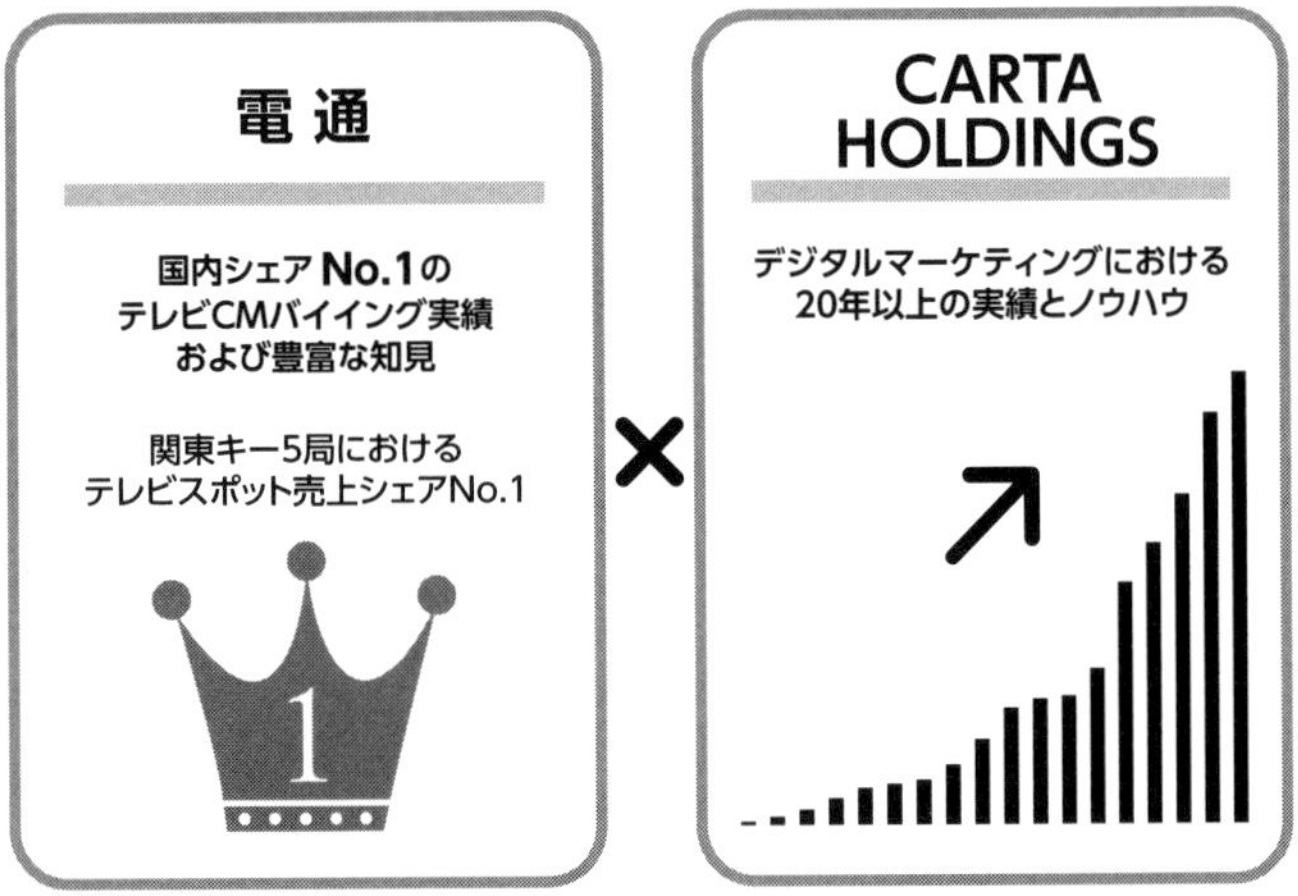

電通
国内シェアNo.1の
テレビCMバイイング実績
および豊富な知見
関東キー5局における
テレビスポット売上シェアNo.1
1
×
CARTA
HOLDINGS
デジタルマーケティングにおける
20年以上の実績とノウハウ

顧客開拓などすべてゼロから始めなければいけない状況でした。しかも、コロナ禍の真っ只中という厳しい状況でもありました。

そんな中で私に白羽の矢が立った理由としては、経営統合をするＰＭＩを任されていて両社の事情に通じていたことに加え、担当事業を持っていなかったため比較的身軽だったということもありますが、ｆｌｕｃｔ時代に20億円の売上を１１４億円まで伸ばした経営者としての実績も評価されたのではないか、と思っています。

テレシー事業開始の時点で、運用型テレビＣＭは他社が先行しており、後発の参入でした。難易度の高いスタートではありましたが、トップを任された私は運用型テレビＣＭの世界に飛び込んでいくことになったわけです。

地上波テレビの１・７兆円市場を狙え！

私がテレシー事業に携わったタイミングでは「テレビはオワコン」などといわれていました。数値からはそう見えるかもしれません。電通が毎年発表している「日本の広告費」を見ると、ネット広告費は毎年二桁成長を続け、テレビを含むマスコミ4媒体の広告費は下降線をたどっていることがわかります。ネット広告費が地上波と衛星メディアを含む「テレビメディア」を抜いたのが2019年、そのわずか2年後の2021年には新聞、雑誌、ラジオを含む「マスコミ四媒体広告費」を上回ったことが大きな話題になりました。

テレビの視聴者数、視聴時間の減少に反して、増えてきたのがインターネット利用者数、利用時間です。テレビよりもネットから得られる情報やコンテンツに価値を感じる人が増えた影響は、広告業界でも顕著に表れていたのです。

しかし、テレビは本当に「オワコン」なのでしょうか?

2021年の日本における総広告費は約6兆8000億円。そのうちの地上波テレビは1兆7000億円でした。テレビCMの市場シェア1%をテレシーが取ると170億円、2%なら340億円にものぼります。

この数字だけを見ても、テレビCM領域には十分魅力があると感じています。

しかも、今のところ日本のテレビメディアの世界にはGAFAがいません。ネット広告市場に

インターネット広告費がマスコミ４媒体を上回る

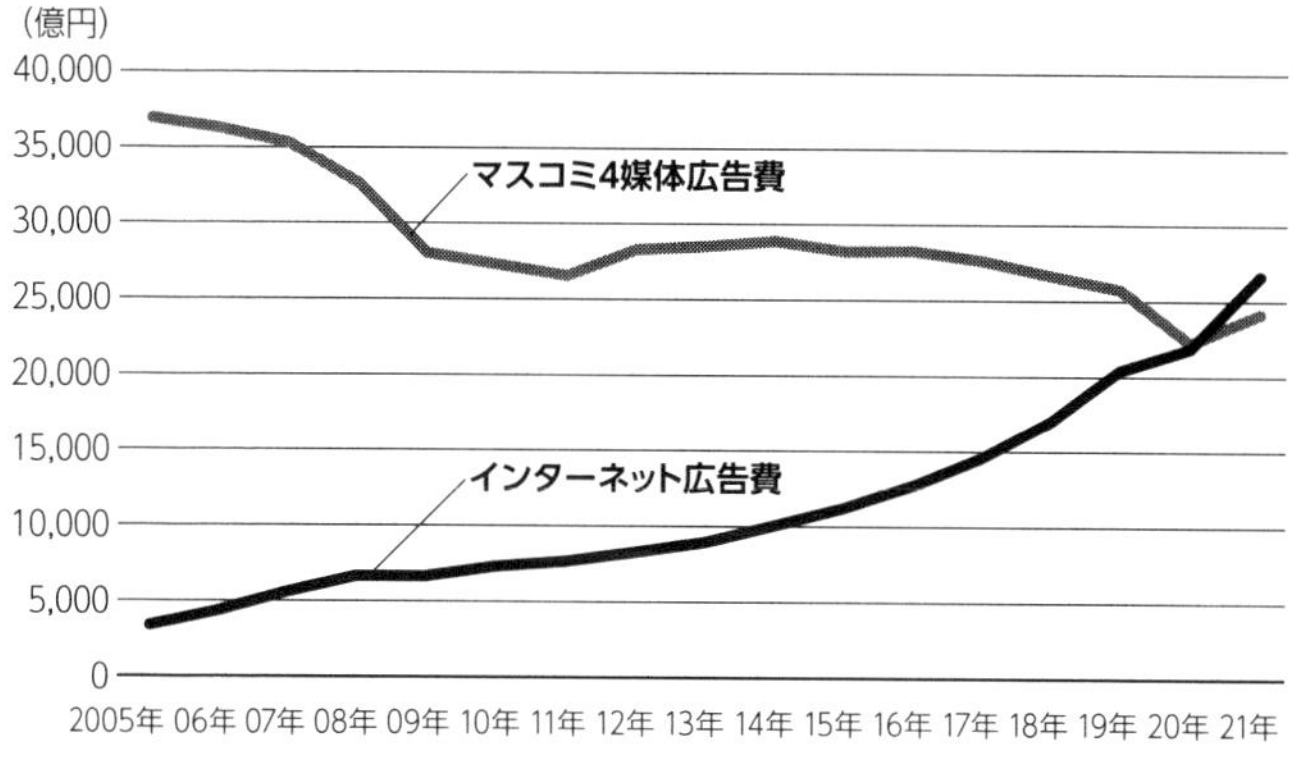

※マスコミ4媒体広告費とは、新聞、雑誌、ラジオ、テレビメディア（地上波テレビ＋衛星メディア関連）の媒体費と制作費の合算
※インターネット広告費とは、媒体費、日本の広告費における物販系ECプラットフォーム広告費、制作費の合算
※テレビメディア広告費は、2014年より地上波テレビ＋衛星メディア関連と区別し、2012年に遡及して集計

出所:電通「日本の広告費」

身を置いていた人間としては、これはかなり大きなことです。前述したとおり、ネット広告の世界はＧＡＦＡという巨大なプラットフォーマーが君臨しています。彼らは世界中から集めた優秀なエンジニアによって生み出された最新のアドテクを用いることで、世界中のどんな国でもプラットフォーマーとして均質のサービスを提供することができます。そんな世界において、第三者のプレイヤーが戦えるマーケットは限られています。

それはもはやネット広告に限ったことではありません。農業などの一次産業を含むあらゆる産業に巨大プラットフォーマーが入り込んでいて、もはやＧＡＦＡ

がいない場所などほとんどないのではないかと個人的には思います。

その点、日本の地上波テレビの領域にはＧＡＦＡが入り込めていません。そのためテレビ広告市場であれば、ＧＡＦＡが行う突然のシステム変更によってビジネスが翻弄されるようなこともなく、１・７兆円という市場の中で思う存分に暴れられると考えました。


運用型テレビＣＭは、それまでのテレビメディアの弱点であった効果の可視化という課題を克服し、ネット広告同様にわかりやすい効果指標を導入しています。その結果、これまでテレビＣＭを出稿することに迷いがあった多くの広告主をテレビＣＭの領域に連れてこられるということが、テレシーの事業を始めてみて明らかになりました。運用型テレビＣＭは、テレビＣＭに革命を起こすだけにとどまらず、広告業界全体に影響を及ぼすゲームチェンジャーになり得る可能性を秘めているということを、私たちテレシーの事例から知ってもらえればと思います。

次の章からは、いよいよ運用型テレビＣＭのことを紹介していきます。

日本の総広告費推移

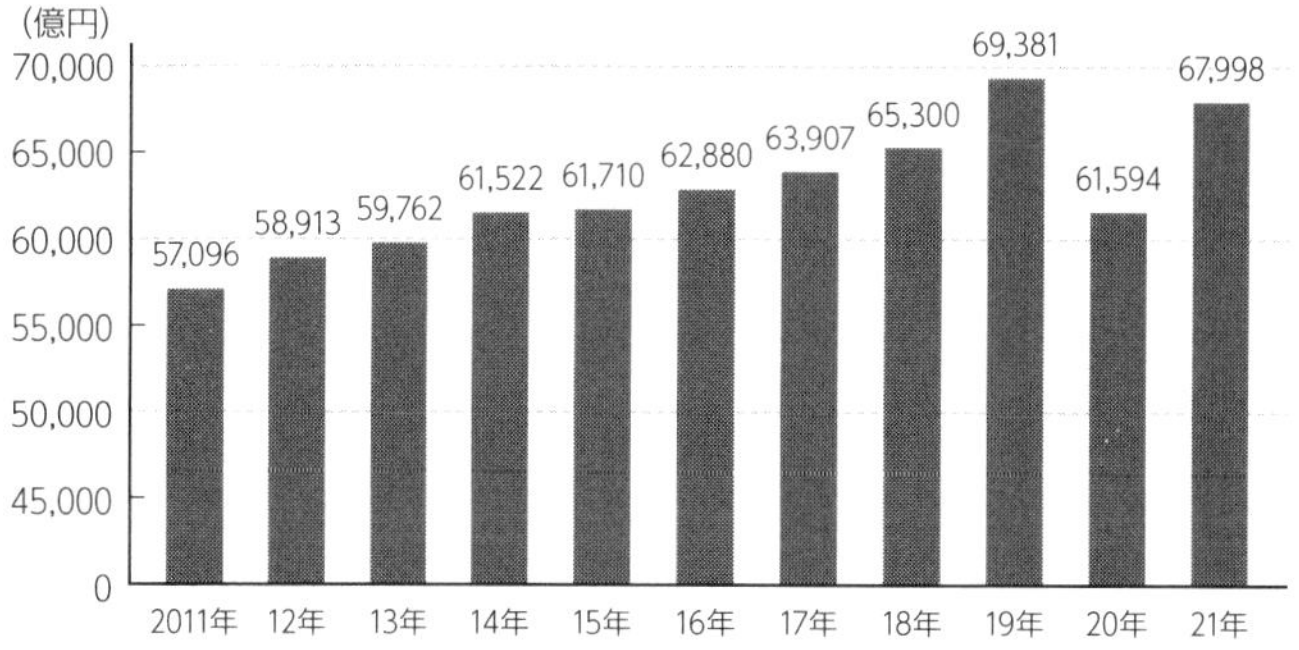

(億円)
70,000
65,000
60,000
55,000
50,000
45,000
0
57,096
58,913
59,762
61,522
61,710
62,880
63,907
65,300
69,381
61,594
67,998
2011年
12年
13年
14年
15年
16年
17年
18年
19年
20年
21年

広告費の媒体別構成比

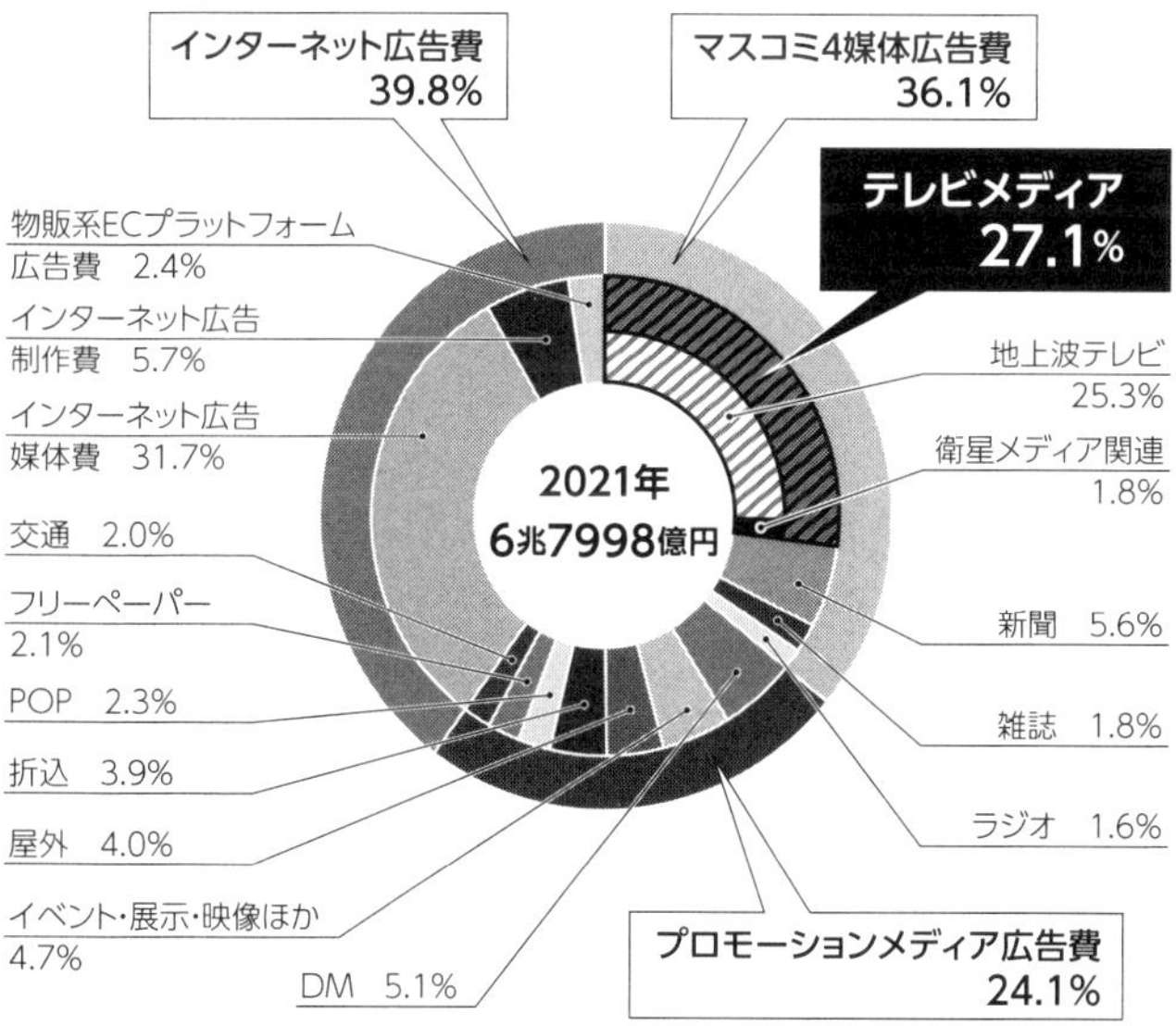

インターネット広告費
39.8%
マスコミ4媒体広告費
36.1%
テレビメディア
27.1%
物販系ECプラットフォーム
広告費　2.4%
インターネット広告
制作費　5.7%
インターネット広告
媒体費　31.7%
地上波テレビ
25.3%
衛星メディア関連
1.8%
2021年
6兆7998億円
交通　2.0%
フリーペーパー
2.1%
POP　2.3%
折込　3.9%
屋外　4.0%
イベント・展示・映像ほか
4.7%
DM　5.1%
新聞　5.6%
雑誌　1.8%
ラジオ　1.6%
プロモーションメディア広告費
24.1%

出所:電通「日本の広告費」

第2章

変わるマス広告
「運用型テレビＣＭ」が革命を起こす

運用型テレビＣＭはテレビ業界のＤＸ

ここから、運用型テレビＣＭについて具体的に紹介していきます。

そもそも「運用型テレビＣＭ」とは何でしょうか。テレシーが行っている「運用型テレビＣＭ市場調査」では、以下のように定義しています。

運用型テレビＣＭとは、データ分析や発注においてオンラインダッシュボードを活用し、広告主やその委託を受けた広告代理店が、製品・サービスの直接的な販売促進や顧客獲得などを主たる目的に、一定のＫＰＩ（重要業績評価指標）を参考とし、短期的に広告クリエイティブや出稿先の変更、調整を繰り返して、広告効果の最適化を図るテレビＣＭの出稿方法のこと。

前章でも述べたとおり、ネット広告全体で運用型の取り組みが広がるなどマーケティングのＤＸが加速する中、アナログ的な従来のテレビＣＭの「効果が見えにくい」という弱点を克服して、ネット広告同様の即時性のある効果測定を可能にするというものです。

運用型テレビＣＭの効果を測定するための前提として、はじめにクライアントと一緒にＫＰＩ

を設定します。例えば、サイトセッション、資料請求数、問い合わせ数、アプリのダウンロード数といった指標です。そのうえでテレビCMを放映して、その期間と、その後数週間の数値の推移をダッシュボードで確認。従来のテレビCMが使うGRP（Gross Rating Point＝延べ視聴率）に加えて、CPM（Cost per Mille＝1000回表示当たりの広告費用）、CPA（Cost Per Action＝顧客獲得単価）、CPI（Cost Per Install＝1インストールあたりの広告費用）といったネット広告でなじみのある指標を用いて効果を可視化していることも運用型テレビCMの特徴のひとつです。

そして、その数値に応じて放映地域やクリエイティブ、放送局、放送時間帯、放映番組を変えることで、Plan（計画）・Do（実行）・Check（評価）・Action（改善）を繰り返すことによりテレビCMの効果を最大化することができます。

一方で、テレビCMには、ネット広告をはるかに凌ぐ圧倒的な到達力があります。近年はインターネット広告費がマスコミ4媒体の広告費を抜いたことや若者のテレビ離れなど、テレビのネガティブな面ばかりが強調されがちです。しかし、「はじめに」でも触れたように、テレビには「短期間で大勢に情報を届ける力」「想定外のターゲットにも届き、広く巻き込む力」「何気なく見ている人の心まで動かすほどの、強く興味関心を呼び起こす力」という3つの魅力があります。
「運用型テレビCM」とは、テレビが本来持っている力を活かしつつ、デジタル化の波に乗り遅れていたテレビCMをDXしたものと言えるでしょう。

2年で4倍、5年で25倍以上に成長する市場

日本における「運用型テレビCM」の先駆者といえば、株式会社ラクスルです。「運用型テレビCM」という言葉を用いて、制作、放映、効果分析までをワンストップで行うテレビCMサービス「ノバセル」を2018年1月にスタート。そこから約4年間で売上高67億円まで急成長し、2022年2月には、株式会社ノバセルとして分社化しています。

広告業界のリーディングカンパニーである電通と、アドテクノロジーで急成長を果たしたCARTA HOLDINGSが共同事業として運用型テレビCMに乗り出すのは、それより2年も後の2020年5月のことでした。

当初は「PORTO tv（ポルト ティービー）」という名称でしたが、テレビCMのサービスということが全く伝わらないと思い、私がトップに就いた2020年12月に親会社の反対を押

し切って「テレシー」に改称しました。そして2021年1月、事業分割により株式会社テレシーを設立しました。

新しい領域で2年の後れはかなり大きく、挽回するのは容易ではないと考えましたが、その点は戦略的に取り組み、急成長を遂げることができています。

テレシーが立ち上がった同タイミングで、IT企業や大手広告代理店などの参入も相次ぎ、運用型テレビCMの市場が形成されていきました。また、運用型テレビCMに出稿する広告主はモバイルアプリやSaaS系サービスを展開するスタートアップなど、もともとネット広告などのデジタルマーケティングを中心に行っていた企業ばかり

運用型テレビCM市場規模推計・予測2020年〜2025年

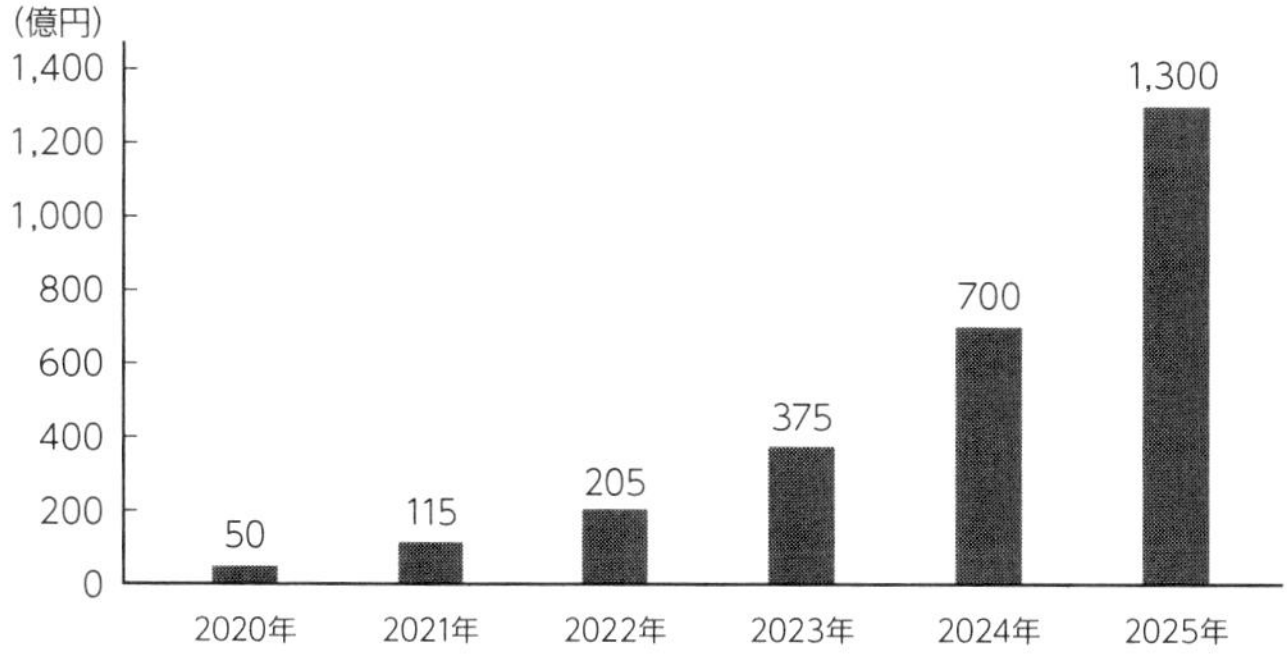

2022年4月発表
テレシー／デジタルインファクト調べ

でしたが、市場拡大に伴って運用型テレビＣＭの認知も広がり、業種や企業規模も多様化。ナショナルクライアントと呼ばれる大企業も出稿するようになりました。

２０２２年４月にテレシーが発表した「第２回　運用型テレビＣＭ市場調査」の結果によれば、２０２１年の運用型テレビＣＭ市場は１１５億円ですが、２０２５年には１３００億円に拡大すると予測しています。

踊り場のネット広告市場からテレビＣＭ市場に注目

運用型テレビＣＭ市場が急拡大している理由を考えてみると、ネット広告の状況が厳しくなってきたことも影響しているようです。

フィーチャーフォンからスマートフォンへと移行して、アドテクが著しく進歩した２０１０年代以降、ネット広告の業界はさらに成長するものと考えられましたが、Ｃｏｏｋｉｅ規制などプライバシー保護の動きが強化されるようになると、業界を取り巻く状況も徐々に変化していきます。特にＧＡＦＡの台頭によりプラットフォーマーの動向がガラリと変わったことで、ネット広告を扱う広告代理店や中小のアドテク企業の収益性が下がり、ネット広告だけでは事業を伸ばし続けることができない状況になってきました。このあたりは第1章で紹介した通りです。

同じ頃、広告主側にも変化の兆しが見られるようになります。ネット上のプロモーションで顧客獲得につなげてきた企業などは、それまでのように広告費を投入しても顕在層を獲り切ってしまい、新規顧客を獲得しづらくなっていきました。成長過程にあるスタートアップ、ＥＣ系、ゲーム系のＢｔｏＣ企業ではその傾向が顕著で、立ち上げから数年間はネット上のプロモーションだけで顧客を獲得できていたのに、近年になってネットだけでは事業拡張が難しくなってきたという声がよく聞こえるようになりました。あるＢｔｏＣメーカーでは、ターゲット層に届き切ってしまって、そこから広げることができなくなり、ある時点から新規顧客がほとんど獲れなくなってしまったと聞きました。

そのような状況で登場したのが運用型テレビＣＭでした。

テレビの視聴人口が減っているとはいえ、２人以上の世帯におけるテレビ普及率は95％を超えており、拡散力という意味では圧倒的に強いメディアです（内閣府「消費動向調査　令和４年３月実施調査結果」より）。ネット広告の「ターゲットにピンポイントに、届けたいタイミングで届けられる」という強みがあるものの、ターゲットに届き切ってしまったタイミングでは、テレビCMの「広く大量にリーチできる」という強みが非常に効いてくるのです。

40代女性をターゲットとするネット広告で限界を感じていたとある化粧品メーカーが、テレビCMを出稿してみて、それまでターゲットとして見ていなかった60代女性に反響があることがわかり、一気に盛り返したケースがありました。

また、あるソーシャルゲームの会社でも「ネット広告では、これ以上ユーザー数が伸びない」と悩んでいたところ、テレビCMをきっかけに課金ユーザーが一気に増えたということがありました。このケースでは新規顧客が増えたというだけでなく、ゲームをダウンロードしたものの、長年プレイせずに放置していた休眠ユーザーが戻ってきて課金したそうです。

大企業のものだったテレビCMを中小企業・スタートアップに解放

改めてテレビCMが見直されるようになった背景には、当時の経済状況も関係していました。

2020年、2021年頃はコロナ禍で厳しい状況にある企業が増えた印象がありましたが、スタートアップに限らず既存企業でも売上を伸ばしており、過去最高を更新する企業もありました。

国内スタートアップによる資金調達金額年間推移

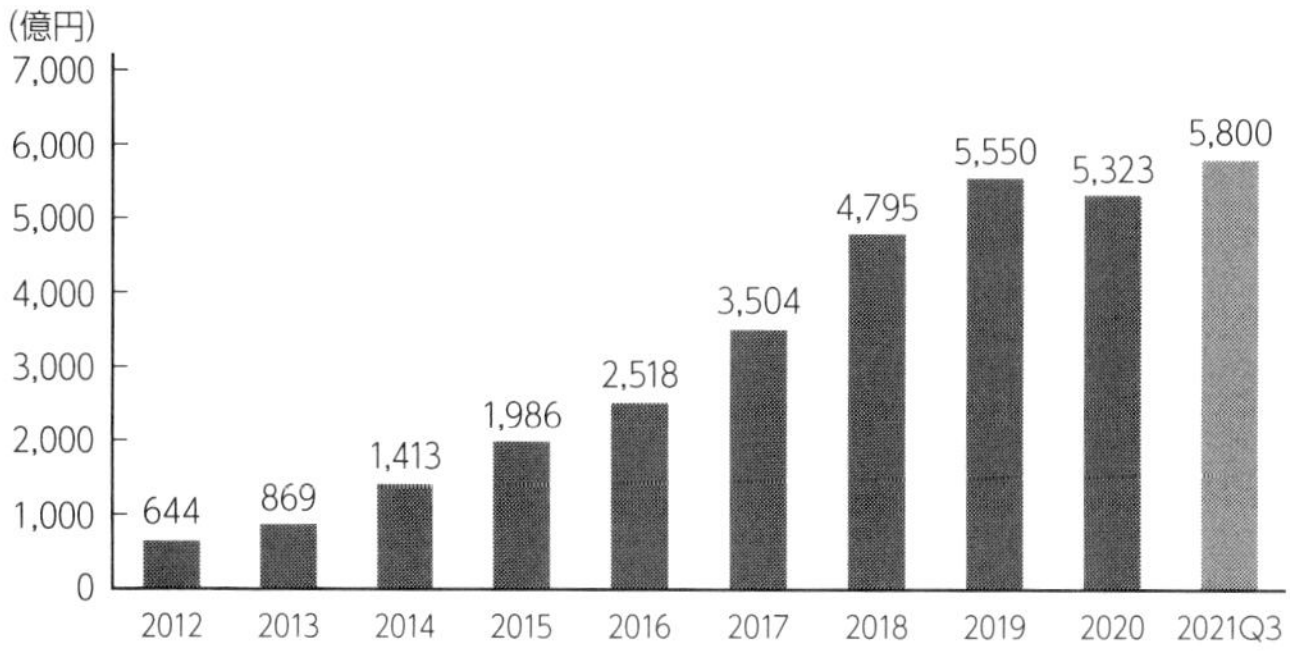

出所：日本ベンチャーキャピタル協会

儲かる会社や業界はさらに儲かるという図式が明確になっています。

特に大きかったのが、スタートアップへの投資環境です。２０１０年以降はグローバルで見てもスタートアップの資金調達が年々増加しており、コロナ禍により２０２０年には一度ダウンしますが、２０２１年第３四半期には日本国内でも５８００億円を超え、過去最高額となっています。

そのような豊かな調達環境の中で、多くのスタートアップでは調達した資金を有効活用する方法を模索。人材採用やマーケティングに注力する必要があるため、ここでプロモーション活動のための資金投入がなされ、その選択肢としてテレビＣＭが検討されたわけです。

その際にネット広告を出稿するということも考え

られますが、ネット広告で使える金額には限界があります。かなり大きな資金を得られるようになったからこそ、スタートアップがテレビCMにチャレンジする余裕が生まれたという面もあるでしょう。

運用型テレビCMが登場する前のテレビCMであれば、いくら資金力があるとはいえ、スタートアップにはハードルが高すぎました。金額の面ではもちろん、テレビCMの提供者である大手広告代理店は大きな予算を組むナショナルクライアントとの付き合いには長けていても、予算規模の小さな中小企業、スタートアップと付き合うことに慣れていないからです。

中小企業やスタートアップの人たちは、テレビ業界で当たり前に使われている「GRP（延べ視聴率）」という言葉も知りません。一方で、テレビ業界や広告代理店でマス広告を扱う人たちは、スタートアップにはなじみ深い「CPM（インプレッション単価）」「CPA（顧客獲得単価）」といったネット広告の評価指標に精通しているわけではなく、そもそものような指標で広告の効果を見ようとしてきませんでした。

そのように、テレビCMとスタートアップや中小企業はこれまでほとんど交わることがなく、お互いに「自分たちとは関係のない世界」だと見なしていました。そもそも使っていた言語が違ったせいで会話が成立しなかったのですが、私たちのようにネット広告に通じたプレイヤーが運用型テレビＣＭの世界に入ってきたことで、共通言語で語り合える土壌ができたわけです。

詳しくは後述しますが、広告主にお薦めする以上は、テレビＣＭの実態を把握しておきたいということで、当社は広告主テレシーとして数億円単位の規模で広告費をテレビＣＭに投じてきています。自ら広告主となって出稿することで、テレビＣＭの効果は想像以上に大きいと身をもって体験したのです。そして、無縁だと思われていたテレビが、実はスタートアップにとって非常に有効なメディアだとわかってきました。

広告主テレシーとしての事例を見てみると、タクシー広告はターゲットである経営者やマーケティング決裁者といったコアターゲットに対してピンポイントでリーチできる媒体ですが、インプレッション単価は相応に高いメディアであるのに対して、テレビＣＭはピンポイントでのリーチはできない反面、インプレッション単価で比較してみるとコストが圧倒的に安い。さらに一度に膨大な数の人に届くので、そのうちの数％でもターゲット層がいれば十分有効になりえます。そのような観点で計算してみると、テレビＣＭで経営者やマーケティング決裁者にアプローチすることを考えても、決して高すぎることはなく、リーチ単価で見ればむしろ安いのではないかなと感じるわけです。

印象的なフレーズで広く知られるようになり、上場を果たしたビズリーチの例を見てもわかるように、最近はＢｔｏＢ企業も積極的にテレビＣＭを出稿するようになりました。お茶の間で家族が見るテレビＣＭにＢｔｏＢは向かないと考えられてきましたが、母数が大きいテレビならばその中に刺さるターゲットも含まれているはずです。競合ひしめく業界内でスタートアップが一歩抜きん出て垂直立ち上げを狙うような場合に、テレビＣＭは非常に有効であると言えます。


もう1つ、はじめに自分たち自身が広告主になってみてわかったこととして、テレビＣＭは副次的な効果が大きいというものがあります。テレビＣＭを出稿している会社だというだけで信頼性や公共性が増し、それにより多くの人が応募してくれるようになるという、採用面での強みにもなります。マスに届くテレビは、マーケティング決裁者だけでなく、採用候補者にも届くということです。これらは特にスタートアップにとってありがたい効果です。

加えて、社内でも社員が喜び、モチベーションが上がります。年配者に理解されにくいＩＴ系スタートアップに入社した若手社員など、「テレビＣＭを出している会社なら安心だ」と親にも認めてもらえたと喜ばれているようです。それだけテレビというのは魅力的なメディアなのでしょう。

スタートアップの広告主が増えたことに対しては、テレビメディアの人たちからもかなりの反響をもらっています。「今までテレビＣＭの世界には来なかった人たちをテレビに連れてきてくれてありがとう」というのです。テレシーの仕組みでは地方にも積極的に出稿することになるので、ローカル局にもかなり喜ばれています。

今のテレビ業界では、新たな広告主を増やし、広告単価を上げていかなければ食べていけないという課題意識が共有されていますから、未開拓だったスタートアップや中小企業が参入してくる道筋をつくったことが高く評価されているのです。

ブラックボックスだったテレビCMを可視化

運用型テレビＣＭの「運用」について、もう少し詳しく紹介します。テレシーでは、「テレシーアナリティクス」というレポーティングツールを使って、ネット広告と同じような指標で効果を可視化してＰＤＣＡを回します。

最初の「P（計画）」として、テレビCM放映前にプランニング・シミュレーションができます。出稿金額、掲載期間、ターゲット（性別・年代）、出稿エリアをダッシュボード上で設定すると、GRPだけでなく、ネット広告に馴染みのある、想定のimp、CPM、ターゲットCPM、到達人数（ターゲットリーチ）などが事前に把握できます。

「D（実行）」では、CM制作・放映の全体予算を伺って、予算事情にあわせて最適なプランをご提案します。例えば、全体で1000万円の予算なのに、CM制作で900万円使ってしまうと、放映に100万円しか捻出できず、この広告キャンペーンが失敗するのは火を見るより明らかです。ただ、広告代理店によっては、CMを安価につくるという概念があまりなかったこともあり、そういった全体予算の時はテレビCM実施を断念しなければならないことがこれまではあったと思います。テレシーでは、例えば1000万円の全体予算であれば、300～400万円でCM制作を行い、600～700万円を放映に割けるようにするといったコーディネートをします。タレントを起用せず、ノンタレントで都内のスタジオを使って撮影し400万円に抑えても、ある程度のクオリティを担保してつくることができています。タレントを起用したプロモーションが必ずしも効果的だとは限らず、制作費を抑えたリーズナブルなCMの方が、効果が高く

運用型テレビCMのPDCAサイクル

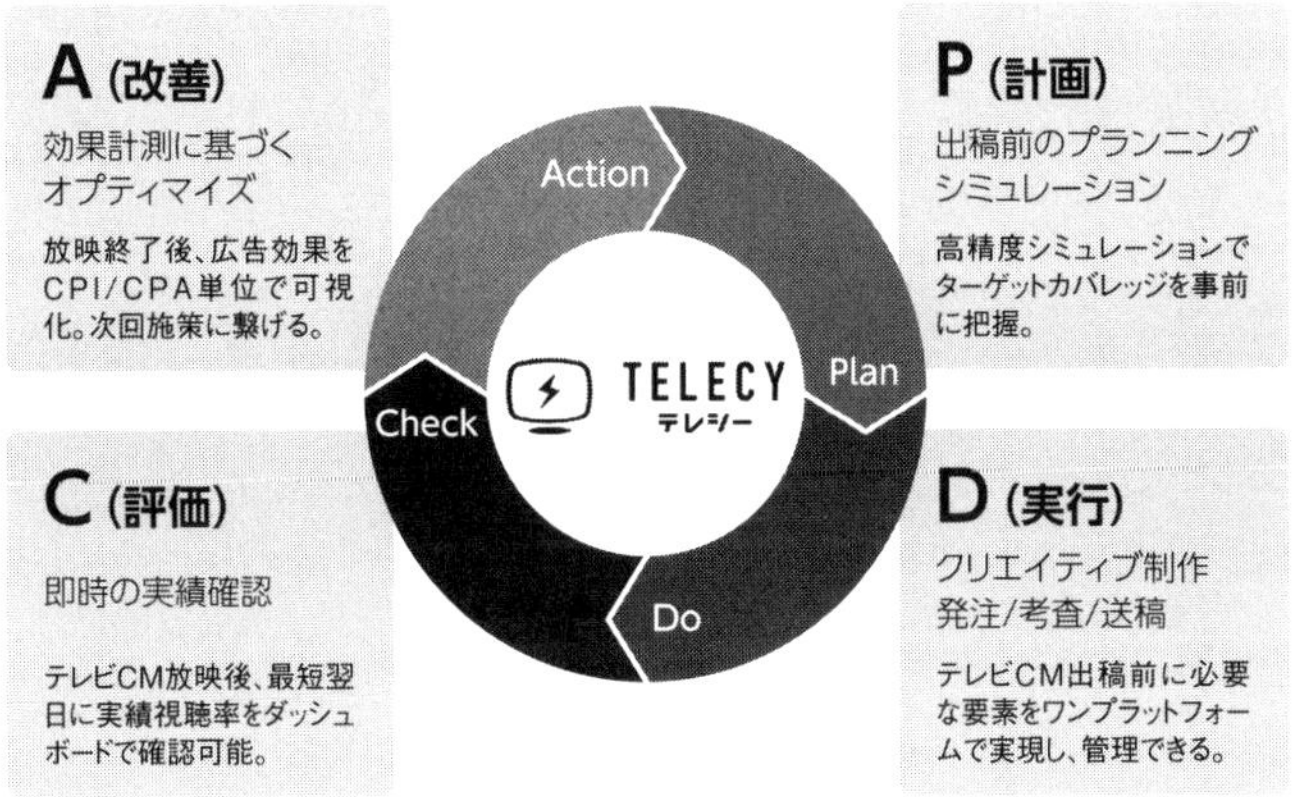
A（改善）
効果計測に基づく
オプティマイズ
放映終了後、広告効果をCPI/CPA単位で可視化。次回施策に繋げる。
P（計画）
出稿前のプランニング
シミュレーション
高精度シミュレーションでターゲットカバレッジを事前に把握。
Action
Plan
Do
Check
TELECY
テレシー
C（評価）
即時の実績確認
テレビCM放映後、最短翌日に実績視聴率をダッシュボードで確認可能。
D（実行）
クリエイティブ制作
発注/考査/送稿
テレビCM出稿前に必要な要素をワンプラットフォームで実現し、管理できる。

なることもあるので、「クライアントの事業成長につなげるため」のプロモーションであることから常に目を背けずに向き合うべきです。初めてテレビCMを出稿する広告主側も派手なクリエイティブに目が向くこともありますが、本質を見極め、目指すべき方向性を見失わないように軌道修正することも私たちの仕事です。

また、放送局のCM広告枠の買い付け（バイイング）については、日本最多の実績を誇る電通と連携をとることで、適切な予算で圧倒的に効率的なバイイングを実現しています。

放映後の「C（評価）」では、テレシーアナリティクスによりウェブ／アプリ共に、Ｇｏｏｇｌｅ Ａｎａｌｙｓｉｓ、Ａｄｊｕｓｔやメジャーな計測ツールとアジアで一番初めに公式連携を行ったＡｐｐｓｆｌｙｅｒで、ＣＰＡ／ＣＰＩといった直接的に売上に繋がる指標を確認することができます。直接的なコンバージョン数が少ない広告主の場合は、その前段階のサイトセッションなどを指標にテレビＣＭの効果を可視化していきます。

さらに「Ａ（改善）」として、テレビＣＭの効果をエリア／放送局／時間帯／番組／クリエイティブといった色々な軸で見ていくことができるので、ＡエリアよりもＢエリアの方が効果がある、昼よりも深夜の方が反応が高い、情報番組よりバラエティ番組のほうが効果がいい、など様々な情報をもとに、次回どこを厚めにバイイングするとテレビＣＭの成果をより上げていくことができるかといったアクションに繋げることができます。

テレビＣＭは放映中、ネット広告への後押し効果もかなりあります。ネット広告のバナーやＬＰにも「テレビＣＭ放映中」としっかり記載することで、広告主テレシーであれば、放映期間中にネット広告のＣＴＲ（クリック率）やＣＶＲ（コンバージョン率）も１・２倍程度まで増えるなど、他メディアへの後押し効果もあります。そのような波及効果、さらにテレビＣＭの残存効果までしっかり把握できるよう、テレシーでは放送終了後２週間までを効果測定の対象としています。

10年間もネット広告やアドテク企業にいた側から見ると、このようなPDCAは当たり前のものでした。広告主側は自動的に広告出稿して、即日出てくるデータを見てクリエイティブもチューニングできる。メディア側から見ても、収益を最大化できるように広告枠を自分たちで調整できる。広告主側もメディア側もシームレスで、その都度最適化できる仕組みができあがっていたので、インターネット広告業界がここまで成長できたのだと思います。

テレビは何十年にもわたって築かれてきた歴史があり体制が確立されているため、いきなり効率化しようと思っても難しいでしょう。しかし、広告主、広告代理店、制作会社、放送局とかなり多くのステークホルダーと協力しながら、もっと広告が出稿しやすい環境を整備することが、業界の発展につながると思っています。

テレシーのPDCAはそうしたこれまでの課題や負から生まれたものですが、テレビの場合、視聴率調査会社から視聴データが提供されるのが放送2営業日後となりますし、ネット広告のようにその日のうちにクリエイティブを修正するような高速回転はできません。そこはネット広告とテレビCMとで大きく違う部分ですが、できるかぎりネット広告レベルにまで近づけたいと考

テレビCM放映前のシミュレーションのイメージ
ターゲットをM1&F1とした場合

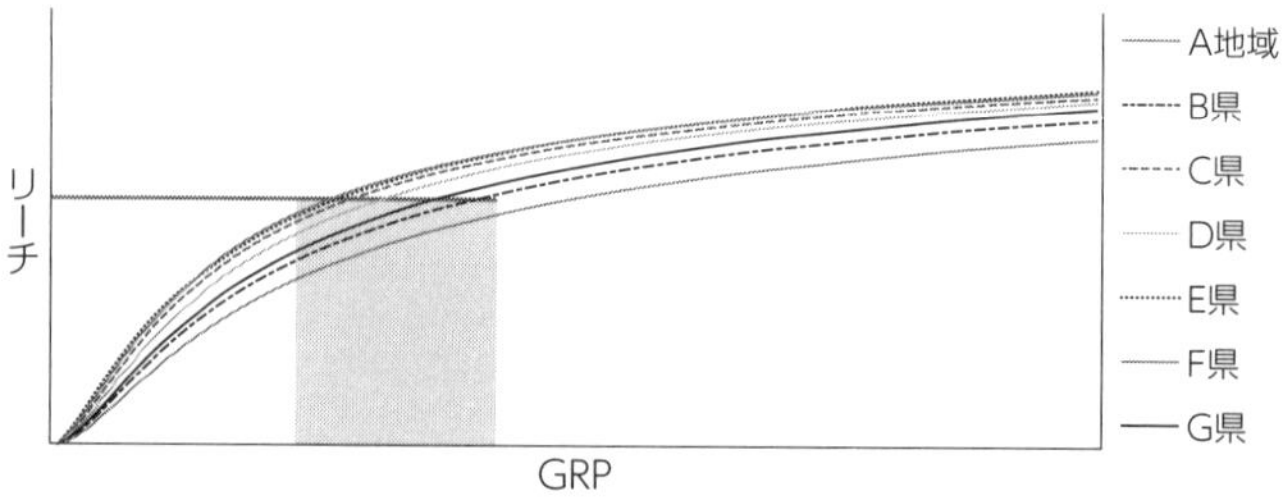

エリア	概算予算	IMP	ターゲットimp	MF1到達人数
関 東	¥4,000,000	20,000,000	5,000,000	**2,000,000**
関 西	¥2,000,000	10,000,000	2,000,000	**1,200,000**

ダッシュボードで見られる
分析サマリーとレスポンスの時系列推移

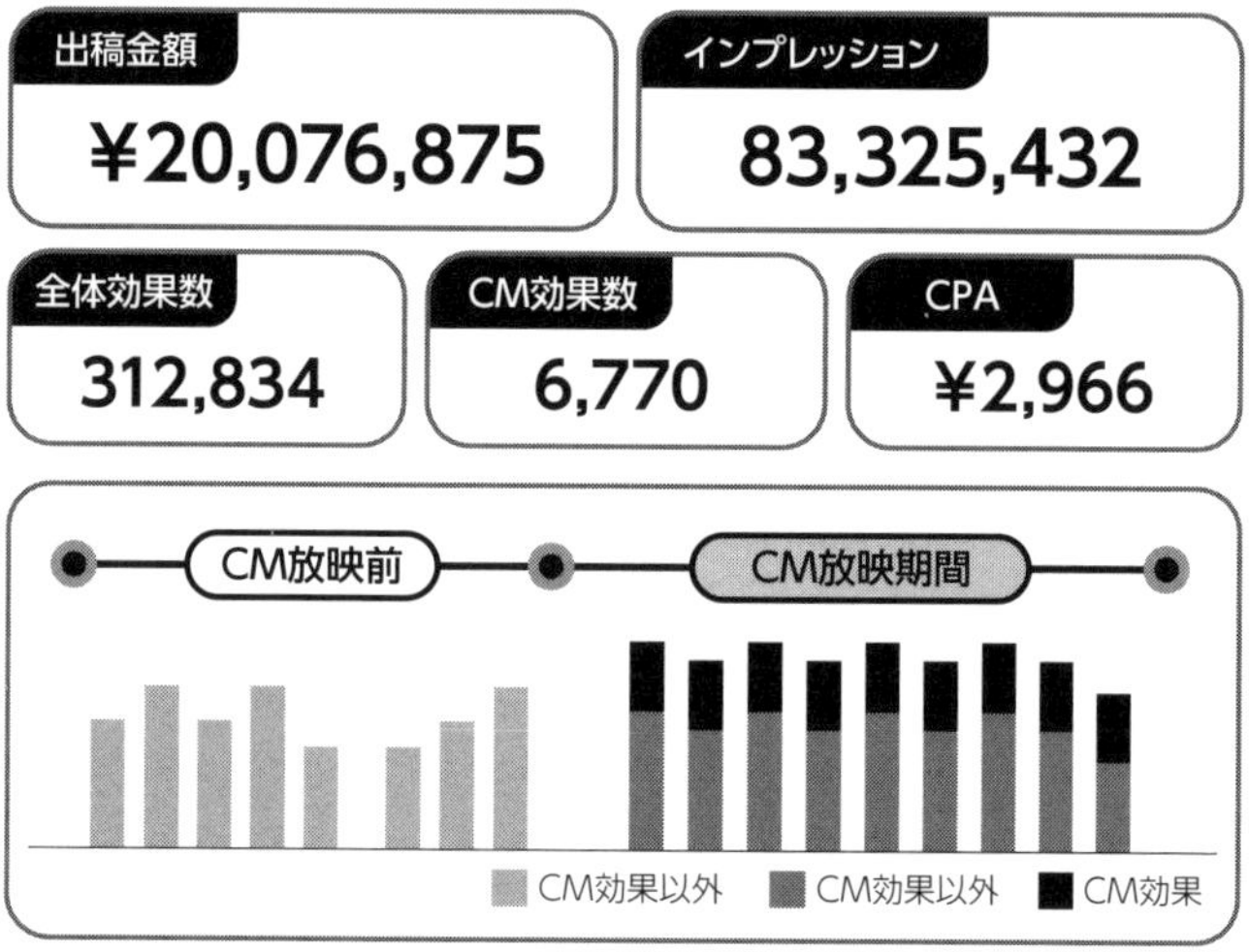

えています。

現在のやり方でも、以前に比べればかなり効果の可視化ができるようになりました。決まった予算枠の範囲でプロモーションをした結果、売上につながるＫＰＩがどれくらい上がったか可視化できただけでも価値があると見なされています。即日の修正はできなくても、出稿した結果どの放送局、番組、時間帯が良かったかを分析して、次に出稿するときの成功確度が確実に上がるような「次に繋がる施策」はかなり重要なポイントです。

「１００万円ではじめられる」が与えたインパクト

テレシーの広告のキャッチコピー「１００万円からはじめられる」にはかなりのインパクトがあるようで、「本当に１００万円でできるの？」とよく聞かれます。このコピーは「テレビＣＭはそれほどハードルが高くない」「当社でもできそう」と気づいてもらうという意味でとても効果的でした。このコピーのおかげで、実際に多くの企業がテレビＣＭを検討してくれています。

もちろん、このコピーに偽りはありません。１００万円でテレビＣＭを出稿することはできます。ただし、東京や大阪での展開や、全国規模でのプロモーション展開となったら無理です。一気に認知度を高めて垂直立ち上げを狙いたいとか、ターゲット層が東京に集中しているといった場合は、数千万円台後半は必要です。仮に都心部で100万円の予算であれば、後述するタクシー広告などをお勧めするかもしれません。

広告の接触頻度を表す指標に「フリークエンシー」というものがあります。テレビCMを出稿する以上、最低でもその地域の人口の約半数が2〜3回接触するくらいでないと効果がありませんが、秋田や山形、富山、沖縄など地域を選べば100万円でそれが実現できます。全国展開する商品やスマホアプリのようにターゲットに地域性がない商材であれば、まず100万円で地域を絞って出稿しその効果を試してみる。そこで効果があれば、もっとお金をかけてプロモーション規模を拡大する価値があるということで、次のステップにチャレンジする良い機会になります。100万円の出稿はテストマーケティングと捉えてもらってもいいでしょう。

低額でのテレビCM出稿が実現できているのは、地方に出稿するからだけではありません。広告枠の次にコストのかかるクリエイティブの部分も本質に向き合い直して、本当に必要な部分にだけお金をかけるようにしているからです。テレビ以外の業界から来た人間から見ると、テレビ業界のクリエイティブに対するコスト意識には疑問を感じることも少なくありませんでした。

これも自分自身が広告主になってテレビＣＭを制作したときに感じたことですが、クリエイティブのプロセスひとつひとつに「これは本当に必要だろうか？」と思えることがかなりありました。それぞれのステップを細かくチェックして効率化を図り、工夫をすることで、クリエイティブのコストもグッと抑えることができました。

広告業界には「良いクリエイティブこそ効果がある」という考えも根強くあります。海外の賞を受賞した有名なクリエイティブディレクターを起用して巨費を投じて制作したテレビＣＭが高く評価されることもあります。伝統のある大企業のイメージ向上を目的としたテレビＣＭではそれも有効でしょう。ブランディング目的で効果に直結しにくいテレビＣＭを否定するものではないですし、テレビＣＭの文化的側面で見れば価値があることは理解しています。ただ、当社としては費用対効果を高めることでクライアントのビジネスに貢献したいので、クリエイティブだけを提案することはなく、全体の予算枠の中で最大の効果が得られるエリア、時間帯、放送局などを検討し、そのプランで可能な制作費を算出するという方法をとっています。

テレシーのクリエイティブは、１００万円からのエントリープラン、３００万円からのスタンダードプラン、１０００万円からのプレミアムプランという3種類の料金プランをベースに用意

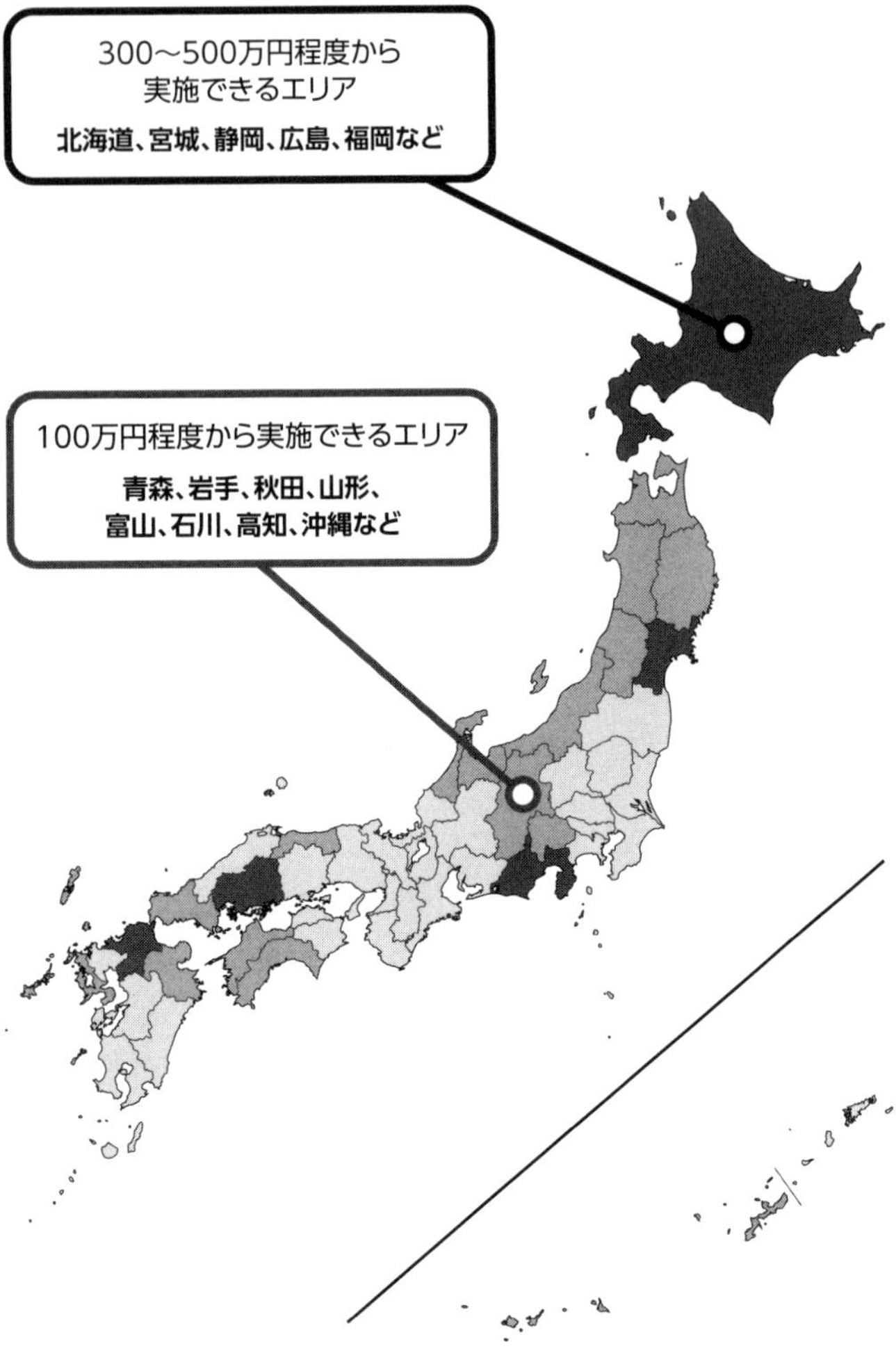

※色のついていないエリアも放映可能
※放送局交渉前の目安の費用
※制作費、分析費用は含まれない

し、予算規模に応じた広告制作を提案しています。プランによって制作できる内容も異なり、エントリープランならアニメーションや既存動画を使った制作、スタンダードプランは知名度がさほど高くないモデルやタレントをキャスティングしてスタジオ撮影、プレミアムプランになるとタレントのキャスティングやロケーション撮影も可能、というようにわかりやすいプランになっています。

とはいえ、高いプランなら効果も上がるとも言えないのがクリエイティブの難しいところです。エントリープランであっても、出稿するエリア、時間帯などをきちんと見極めて、シンプルでわかりやすいテレビCMをつくれば、しっかりターゲットにリーチします。放送後のデータを見ながらクリエイティブを修正するなど、運用型の強みを活かす展開が可能です。

自ら市場を作り出し、第一人者になる仕掛け

2020年12月にスタートしたテレシー（前身の「PORTO tv」は2020年5月立ち上げ）は、運用型テレビCMでは後発の部類に入ります。それでも株式会社テレシー設立から約1年で、四半期ベースでは前年同期比で70倍を記録したほか、さらに2022年4～6月期には

前年同期比10・7倍に達し、四半期売上で17・9億円を突破。運用型テレビCM市場で売上シェア№1になりました。当初は、従来のテレビCMを出稿した経験のない、スタートアップを中心とした新たな広告主がターゲットになると思っていましたが、1年もするとナショナルクライアントからも声を掛けてもらうことが増えました。中には、長らく大手広告代理店とお付き合いしてきたのに、次はテレシーでやってみたいと相談をしてくださる企業もいます。

この実績は、自分たちの力だけで成し遂げたものだとは思っていません。テレシーは電通とCARTA HOLDINGSの共同事業であるからこそ、多くの企業に信頼され、運用型テレビCMの中で力を発揮することができています。

日本の広告業界で圧倒的なシェアを誇る電通は、あらゆる広告枠のバイイングパワーを持ち、電通しか持っていないテレビCM枠も多数あります。テレビ業界の人とのパイプや交渉力、クリエイティブ力などもテレシーには欠かせない部分です。テレビCMの世界は未だにアナログな交渉や手続きも多く、テレビCMのノウハウに長けた電通がいなければ立ち行かないことも多々ありました。

一方のCARTA HOLDINGSは、プロダクト開発や事業開発を得意としており、優秀なデータサイエンティストやエンジニアが揃っています。自ら事業をつくっていけるプロダクトマネージャー人材も豊富なので、スタートアップ目線でプロダクトをつくることもできる。これらの良いところを全て投入して事業を展開できていることが、テレシーの競争力の源泉と言えるでしょう。

電通とＣＡＲＴＡ ＨＯＬＤＩＮＧＳの両社が持つ力を存分に活かしつつ、テレシーとしてできることは徹底してやりました。新しい市場で2年のビハインドは決して小さなものではありません。それでも、いずれはトップに追いつき追い抜くつもりで、設立当初から少しずつ種を蒔いてきました。

当初、力を入れていたのはＳＥＯ対策、つまり「運用型テレビＣＭ」「テレビＣＭ」などのキーワードを検索した際に、「テレシー」が上位で表示されるようにすることです。私にはネット広告やアドテクで長年取り組んできた強みがあるので、どれくらいのコンテンツ量を投下すればいいか、データと共に肌感覚でも知っています。そこで、設立から数カ月はコラム記事やプレスリリースを大量に書いて、高い頻度で発信していきました。

検索ワードで一番上に出てくる会社への信頼度は高くなるので、ＳＥＯはお金をかけずに市場内で優位性を発揮する上でとても有効な方法です。ところが、しっかりやっている企業はほとんどありません。運用型テレビＣＭのパイオニアとして知られる先行企業も、当時あまりＳＥＯに注力していない印象で、実際にＳＥＯ対策をやり始めてから2、3カ月で「テレビＣＭ」や「運用型テレビＣＭ」といったあらゆる関連ワードでテレシーが1位になりました。最終的には運用型テレビＣＭの競合他社だけでなく、電通や博報堂などの大手広告代理店、テレビ局なども抜いてトップになっています。

「運用型テレビＣＭといえばテレシー」という印象を広げる方法としては、リサーチ会社のデジタルインファクトと共同で、運用型テレビＣＭに関する市場調査報告を発表しました。業界に参入してすぐのことで、かなりのインパクトがありました。

予想したとおり、運用型テレビＣＭがメディアで取り上げられるたびに私たちが発表した市場規模や成長予測データが使われます。そこには必ず「テレシー調べ」というクレジットが入るのです。後発だとしても、市場調査を出しているので第一人者だと思ってもらえます。それはまだ数社の取り組みでしかなかったところから「運用型テレビＣＭ市場」という市場を築くための仕掛けで、自分の中では〝オセロの角〟をとることだと思っています。

テレシーの売上推移

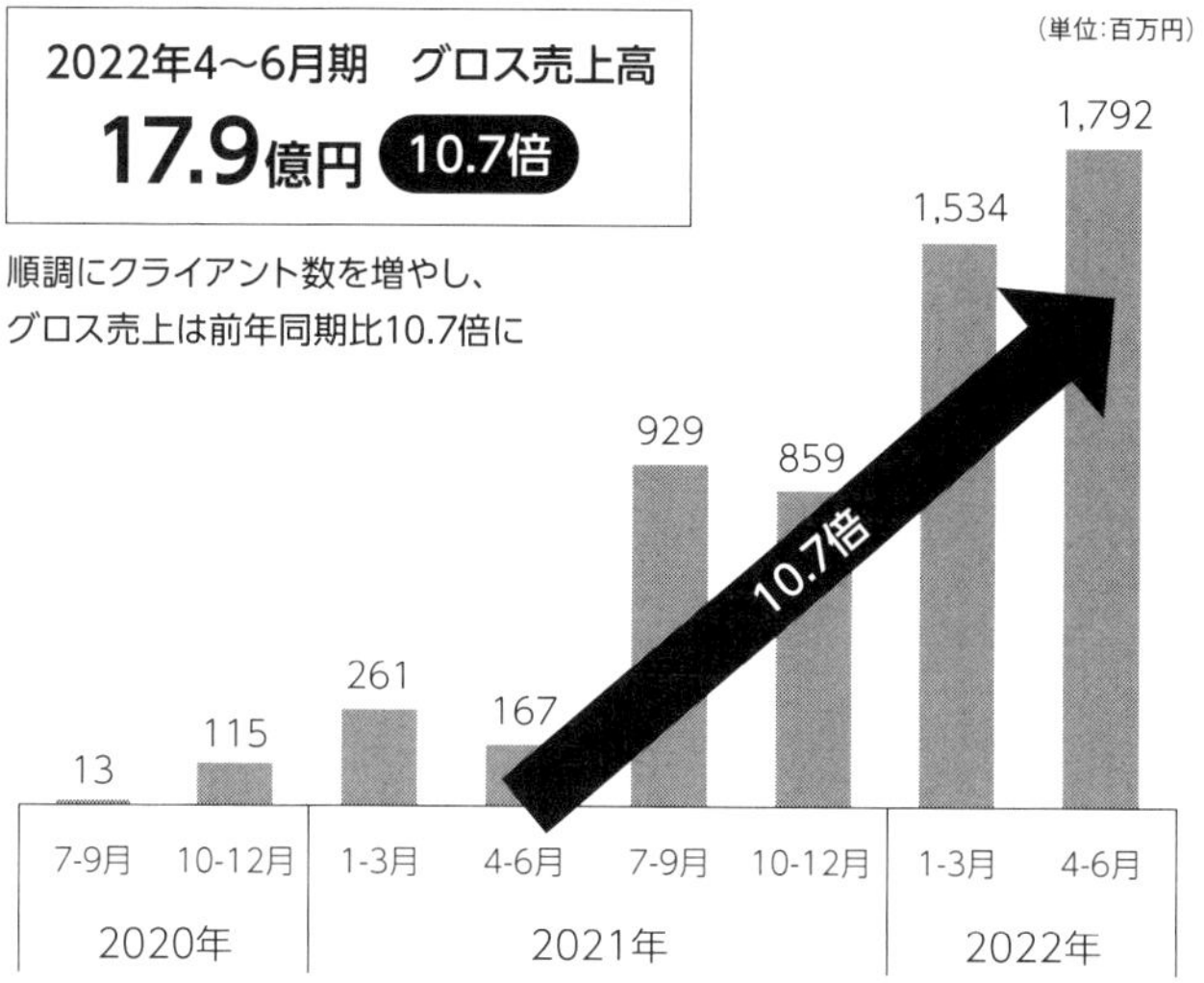

　こうしたお金をかけない施策に加え、並行して行ってきた、テレビCMを中心としたマスマーケティングの成果として、テレシーの認知度も確実に上昇しています。あるマーケティングカンファレンスに2021年、2022年と2年連続で参加していますが、1年目と2年目ではテレシーの認知度は明らかに違いました。しかも、協賛と登壇をした1年目のテレシー認知度は20〜30%程度でしたが、協賛もしていない2年目には70%ほどの人が「テレシーを知っている」と答えていました。

　このイベントの参加者はスタートアップの経営層より大企業のミドルマ

ネジメントクラスが多いのですが、そういう人たちは意外とタクシーを利用しない方もいらっしゃるので、タクシー広告を中心にプロモーションを展開していた2021年にはそれほど知られていなかったのでしょう。その後、テレビCMの出稿を強めたこともあり、この認知度上昇に繋がったと思いますので、やはりBtoB企業にとってもテレビCMは有効なメディアだと実感することができたわけです。

私がこれほど〝市場におけるポジション〟を重視するようになったのは、「電博」という言葉を発明した博報堂のエピソードを聞いたからです。広告業界でナンバーワンの会社は電通で、今も昔も圧倒的な存在です。2位の博報堂、3位のADKとはかなり差が開いています。ところが、「電博」という言葉が広まることでこの2社がセットであるようなイメージが植え付けられたというのです。たとえば、クライアントが競合プレゼンで発注先を決めようと考えた際、電通と博報堂の両社をプレゼンに呼ぼうという流れができて、そこから博報堂は大いにビジネスを広げたという話です。

私はテレシーでもこれをやりたかった。運用型テレビCMの市場において、パイオニアといえるのは間違いなくノバセルですが、事あるごとにノバセルとテレシーを比較してもらうような仕組みを考えていきました。このように空気を醸成していくことは、データ重視と思われがちなこの業界でも非常に重要なことです。

対談

運用型テレビCMが広告業界にもたらしたインパクト

南坊泰司氏×土井健

スタートアップこそ、マーケティングを急いではいけない

土井　スピード感を持って事業成長を目指したいスタートアップのマーケティングにはどのような課題がありますか。

南坊　マーケティングや事業開発の支援では、「プロモーションは最終手段ですよ」といったことをよく話

南坊泰司

NORTH AND SOUTH代表／manage4代表 マーケティングディレクター。新卒で電通に入社し、ブランディング、メディアプランニング、メディア PDCAツールSTADIAの開発運用などを担当。ストラテジックプランナーとして活躍。その後メルカリに入社し、マーケティング／PRチームマネジャー、OMO（Online merged offlin）戦略チームリーダーを経て独立。マーケティング戦略立案と事業開発の両面を横断し、事業成長を支援するスタートアップのマーケティング支援を多数行っている。

します。危険なのはプロダクトのクオリティが一定水準に達していない段階でプロモーションを仕掛けてしまって、下手に需要を伸ばしてしまうことです。というのも、プロダクトに課題が多い段階でプロモーションをすると、そのサービスの機能やプロダクトを求めている見込み客が真っ先に食いついてくれますが、それが未熟なものだと分かればすぐにチャーン（サービスの解約）されてしまうからです。サービスやプロダクトはできあがっていても、カスタマーサポートが良くなくてきちんとフォローできないといった場合も同じです。プロモーションで真っ先に獲れる人は、本来長く使ってくれる優良顧客になりえた人ですが、一度離反してしまった人を再び呼び戻すのは新規の人を獲るよりはるかに難しい。

スタートアップにおいてすべてが完璧に整う状態というのは難しいかもしれませんが、プロモーションのタイミングに関しては、いかにギリギリ整っている状態を見極めるかが重要になるということです。

土井　その問題はよくわかりますが、待ちすぎてシェア・オブ・ボイス（競合企業や競合製品・サービス間における広告出稿量やメディア露出量のこと）を取られる恐れがある場合など、競争環境によっては4割の仕上がりでも走らなければいけないこともあって、その見極めはとても難しいと思います。

南坊　その通りです。永遠に待てるわけではありませんから。ギリギリのタイミングを見極めるのは我々支援する側の仕事だと思うので、私から見てまだ整っていない状態なのに「今プッシュしたい」と相談されたときは「もう少し待ったほうがいい」と話しますね。特に、テレビCMは一気に需要が上がる可能性が高いので、急な需要増に耐えられるのかといったことを確認しないといけません。

土井　逆に、「今出しましょう」というタイミングはいつになるのでしょうか。

南坊　テレビCMは「風のないところに波を起こす」よりも、ブースターとして成長の速度を上げることに適しています。ある程度事業成長しているところで速度を上げて、非連続的な成長を促す効果がテレビCMにはあるので、さまざま改善を繰り返した先で成長を爆発させるときの手段として使うといいですね。

土井　強いて例外をいうなら、新型コロナウイルスの感染があっという間に拡大したときのＰＣＲ検査のような、今までなかったものや新しいカテゴリーを一気に取りにいくようなやり方はありですよね。

南坊　それはそうですね。私が在籍していたメルカリもそうでした。フリマアプリという新しい概念を提唱して、テレビＣＭを出稿することで自分たちがそのリーダーだという認識を広めたのです。実際にはウェブ上でフリマをする仕組みではないのでフリマアプリという言葉は変ですし、テレビＣＭを出稿したときはシェアで言えば№１ではなかったのですが、テレビＣＭをきっかけに逆転することができました。そうやって自ら新概念を創出することが、カテゴリーリーダーを狙っているときにはとても大事です。

「運用型テレビＣＭ」という名称もそうですよね。しかも、テレビＣＭには、カテゴリーメイキングするときの認知拡大効果だけでなく、ポジションを取る効果も見込めます。

土井　テレシーもこの業界では後発でしたから、自ら市場調査を行い、それを発信して第一人者感を出すなど、認知度を高めるために色々な施策を進めました。

加速力の強いテレビCMでは「伝え方」が重要

南坊　テレビCMは予期しない方向へ勝手に加速してしまうことがあるので、そこは注意が必要ですね。間違った方向へ進んだために、意図しない問い合わせがたくさん来てしまうとか、獲りたくないお客様が来てしまうとか。クリエイティブが秀逸でインパクトはあったのに、想定とは異なる内容を訴求してしまい、お客様は多く来てもチャーンもかなり多かったといったという話も割と聞きます。

土井　テレシーも最初は「PORTO tv」という名前だったのですが、立ち上げてからの数週間は「これはDSPですか?」とか「AbemaTVみたいな媒体ですか?」とたびたび聞かれ、そのたびに冒頭で5分程かけて「地上波のテレビCMで…」といったことを説明しなければいけませんでした。このままでは永遠にムダな5分を過ごすことになると思ったので、親会社の役員の反対を押し切って名前を変えたのですが、それで正解でした。カテゴリーと同じくらい、誤認させないサービス名も大事だと痛感しています。

南坊　それはいい判断だったと思いますよ。テレビCMはマスに影響を与えられる媒体だからこそ、伝え方にはすごく気をつけるべきです。プロモーションのKPIを設定するとき、「リードの最大化」などとすることが多いですが、リード最大化につながれば何でもいいというやり方では間違ったテレビCM出稿になってしまう場合もあります。例えばクリエイティブの内容によって意図しないお客様を獲ることになると、かえってインサイドセールスのコストが上がり、結果的に受注できないお客様ばかりが増えてしまうこともあるんです。

なので、テレビCM以前の問題として、「この伝え方でいいんですか」という話は大事にしています。マスマーケティングをしていないときには、お客様が勝手に解釈をしてくださり、価値を感じてくれることが割とある。そのようなときにお客様がどこに価値を感じているのか、ヒアリングを踏まえた上でプロモーションしたほうがいいことも少なくないです。

土井 それは本当に重要ですね。全力疾走したのにゴールがズレていたら、走ったことがムダになってしまいますから。

南坊 プロモーション以前にやるべきことをきちんとやっておこうということで「バケツの穴をふさいでおく」という言い方をしますけれど、訴求が違うというのは「違うバケツに水を入れる」ようなことですからね（笑）。しかも、マスマーケティングはウェブ広告のようにやり直しがきかなくて、一回やってしまうとやり直すのはとても難しいので。

スタートアップにおけるテレビCMの3つの効果

土井 経営資源に制限があるスタートアップならではのテレビCMの活用法について、アドバイスをお願いします。

南坊　事業グロースを目標とするのは当たり前として、それ以外に3つの副次的効果が期待できます。

まず採用に効くということ。スタートアップにとって人事は非常に重要な課題ですが、テレビCMによって認知され、かつ事業の価値が伝わる効果は大きいです。採用候補者がテレビを見て直接伝わるだけでなく、テレビを習慣的に見ない候補者についても「テレビCMを出稿している企業である」という事実も効く場合があります。

二つ目は先ほども話した通り、カテゴリーをつくれること。新しいカテゴリーをつくるのは社会的な変化が必要で、それはウェブ広告のリーチ量では難しい。世の中に新しい概念をつくるといったときにもテレビCMはとても強く、拡散力があることや、テレビというメディアに載ることの信頼感の醸成もあります。

三つ目はインナー（社内）への効果です。テレビCMはスタートアップにおいては使う金額的にも一大プロジェクトになりますし、一気にセールスが促進されたり、カスタマーサポートにも負担がかかったりするなど色々な部署に関わるので、社内が連携せざるを得ない状況になります。それにより企業価値を改めて社内で共有できたり、多部門が連携できたりする、という効果があります。それを狙ってやる必要はありませんが、結果的に社内の結束力が高まった事例は多く経験しています。

土井　信頼感ということでは、採用、インナーコミュニケーションはもちろん、対会社でも影響が大きいですね。ＢｔｏＢの会社では、ＣＭを出稿している会社ならきちんとしているだろうからお付き合いする、導入における決定率が高まる効果もあるようですね。

セオリーのないクリエイティブはプロに任せる

南坊　私はプランニングだけでなくクリエイティブを提案することもありますが、クリエイティブの変数は千も万もあるファジーなものなので、これを科学するのは非常に難しいです。何秒がいいとか、こういう要素を入れたほうがいいといった話ももちろんあります。しかし、自分がマーケティングディレクターとして様々なクリエイティブディレクターを見てみると、それぞれにセオリーは持っていても、セオリーを積み上げたからといって良い広告ができるわけではないんですね。

テレビを見ている人たちは広告を見たいわけではないので、そういった人たちに見せるやり方、何度か見せて心に残るという方法に法則性はなく、それこそが創造性の世界です。クリエイティブのうち4割くらいは科学できるかもしれませんが、半分を超えることはないと思います。

土井　4割もできます？　クリエイティブに関していうと、1、2割ではないかと思いますね。

南坊　少し遠慮しましたが、正直に言うとそうです（笑）。80％はアイデアでありクリエイティブで決まっていて、残りはかなり細かい話になる。クリエイティブの科学が解明されたとしても、正解のテレビCMばかりになったら人間は秒で飽きてしまうので解明されることはないでしょう。最近はAIが絵を生成する技術がとても進歩していますが、美しい絵を生成して見せるのと、アイデアで惹きつけて頭の中に残すというのは別次元の話です。

結局のところ、クリエイティブについてはできるだけプロフェッショナルのアドバイスをもとに進めたほうがいいというのが、手前味噌かつ身も蓋もない個人的な感想です。

土井 クリエイティブは分からないです、本当に。同じタレントさんを使って、テイストもそれほど違わないのに、成功している会社と失敗している会社があるのはなぜか分かりません。それくらい難しいです。それでも分からないなりに大事にしているのは、出稿する側の納得感を突き詰めていくことでしょうか。そこはパートナーとしっかり膝を突き合わせて、納得するまで議論してつくっていきます。

10年後には運用型テレビCMがスタンダードになる

土井 運用型テレビCM市場については、どのように見ていますか。

南坊 まず、昔からテレビCMを出稿しているような大企業とスタートアップでは、テレビＣＭの予算配分やクリエイティブについて判断をする人が違います。大企業でテレビＣＭの判断をするのは、長年テレビＣＭを担当してきた宣伝部や広報部の部長や課長などです。対して、スタートアップはほとんどが経営者です。彼らはテレビＣＭが初めてで、感性も新しく、経営者視点もある。そういう人たちがフラットに経営者視点で従来型のテレビＣＭを見ると、ブラックボックスであることやスピードの遅さ、ＰＤＣＡできないことなど、山ほど疑問があるはずです。スタートアップが少なくて、決まった担当者が決まった広告代理店と進めている間はそんな疑問も感じなかっただけです。

運用型テレビＣＭはそこに答えを出せる1つのやり方として、絶対に必要とされるものだからこそ生まれたと思っています。説明責任が果たされる方法が求められていたということでもあり、それが一番わかりやすい方法としてウェブ広告に合わせた効果測定の指標が選ばれたのでしょう。

土井　ただ、コンバージョンポイントに行くまでに長いフローがあるのに、テレビＣＭを出稿すれば実現できますと言うと嘘になってしまいますよね。そういうことを言ってはダメです。でも、その前段階のＫＰＩで、例えばサイトセッションや指名検索が伸びるとか、カテゴリー内で競合他社より認知度が上がるといったことは可能なので、そこから一緒につくり上げていくことを大事にしています。そこを含めて可視化していくことが、自分たちが市場に提示している価値なのかなとも思っています。

南坊 最近の広告業界ではテレビもデジタルも組み合わせるのがあたりまえになっています。その中で説明責任や可視化を進めるなら、当然指標は統一されていくべきです。運用型テレビＣＭか否かということはなく、いずれは運用型がスタンダードになると思っています。10年後には運用型という言葉もなくなっているかもしれません。

土井 今までのテレビの商習慣があるので全部を運用型にするのは難しいかもしれませんが、それぞれのプレイヤーが前進しようとしているのは感じています。南坊さんがおっしゃる通り、10年後には運用型という言葉もなくなっているはず。そのときに先頭を走っていたいなとは思いますよね。

ネット広告の世界においてＧｏｏｇｌｅが提供した一番大きな価値は、大企業以外の小さな商店も広告を出せるようにしたことだと思います。テレシーも今までテレビＣＭに縁がなかった層を連れてくることで、シュリンクしつつあるテレビＣＭ市場を盛り返したいと考えています。最近は裏側の仕組みも自動化できるようになってきて、以前にも増して新しい広告主が入りやすくなっているので、そういったところを目指していけたらいいですね。

第3章

どう使いこなす？
運用型テレビCM

PDCAを回す前に確認しておきたいこと

第2章で紹介したように、運用型テレビCMの一番の強みは「PDCAをより効果的に回すことができる」ことにあります。PDCAを回せるから、適切な予算でテレビCMを出稿することができ、メディアとクリエイティブの費用対効果を可視化して検証することができ、検証した結果を活かして次の一手を打つことが可能です。また、予算枠の中で最大の効果が得られるエリア、時間帯、放送局などを検討し、少額のテストマーケティングを行いながらエリアを広げていくといった手法も組み合わせていくことができることも運用型テレビCMが選ばれている理由だと考えています。だからこそ、これまでテレビCMに縁のなかったスタートアップや中小企業に、プロモーションの選択肢の一つとしてぜひとも加えてほしいと考えています。

そこで、この章では、より具体的なPDCAの回し方と活用法についてお伝えしていきます。その前に、「どのような状況でテレビCMを検討するか」についても説明しておきます。第2章の対談で南坊泰司さんにも話していただきましたが、要は、「いま、テレビCMに投資すべきタイミングなのか」ということ。広告主に提案する立場であるテレシーも非常に重視していることです。

「今このタイミングではない」または「この商材や状況であればテレビ以外のメディアのほうが適している」と判断したときには、正直にそのように伝えて、別のメディアでのプロモーションをご提案します。言うまでもないことですが、目的はテレビCMを出稿することではなくて、クライアントの事業成長に貢献することだからです。

テレビCMを検討している企業側には、事業の垂直立ち上げを狙いたい、ネット広告では一通りのターゲットに届いたのでリーチ範囲を広げたいなど、さまざまな目的があります。そのような目的に対してテレビは魅力的かつ強力なメディアですし、ほかのメディアにはない副次的な効果も得られることがあります。しかし、だからといって万能ではないので、大金を投じてもムダになりかねません。

その判断のポイントとしては、例えば「自然成長の段階にあるかどうか」といったものがあります。商品に力はあるのに知られていないので売れない、といったときに有効になるのがマスプロモーションです。そもそも商品・サービスがプロモーションできる段階まで育っているかどうかはとても大切です。

第2章の対談で南坊泰司さんが語っているように、テレビCMで露出した途端、急にお客様が増えても大丈夫な体制ができているということも「自然成長」の中に含めていいと思います。急に問い合わせが増えても対応できるサポート体制や需要増に応える生産体制、セールスのマンパワーなども含めてきちんと整っているか。そういった準備ができていないのにマスプロモーションを仕掛けてしまうと、せっかく興味を持ってくれたお客様を逃してしまうだけでなく、かえってマイナスイメージを残してしまうかもしれません。当然、プロモーションに費やしたお金はムダになってしまいます。

前提として「バケツの穴」がふさがっているか

第2章で南坊泰司さんがやるべき準備をきちんとせずにテレビCMに大金を注ぎ込むことについて「バケツの穴がふさがっているか」という表現を使っていますが、バケツに穴が空いたままテレビCMを出稿したいという企業は意外と多いです。ですので、テレシーにご相談いただいた企業に対しては、まずこの点を確認するところから始めます。

穴をふさぐ作業は、実はそれほど難しいことではなく、テレシーを立ち上げる際に私が徹底して取り組んだことばかりです。そして、実際に試してみて、その効果は絶大であると実感しています。

特に、金銭的な制約があるスタートアップの場合、お金をかけずにできることは全部、徹底してやっておくことが大切です。第２章でも触れた、検索した際に上位で表示されるようにするSEO対策も忘れないようにしましょう。

そして、今いるユーザーの声にしっかり耳を傾けること。私たちはプロモーションの効果をCPMやCPAといった数値で出しますが、数字に踊らされすぎないでほしいという思いもあります。既にいるユーザーの声を聞きつつ定性データを集めるなど、複合的に情報を見ていかないと、本質的な効果が見えてきません。生の声は、とても大切なポイントです。

いよいよ「P」に着手し、KPIを定める

前置きが長くなりましたが、いよいよPDCAサイクルの話です。

しっかりとバケツの穴をふさいで、プロモーションを進められる状態になったら、放映前のプランニングをする「P（Plan）」が始まります。このプランニングにはいくつかのステップがあるので、それらを順に説明していきましょう。

まず、今回のCM出稿により何を目指すのか、効果可視化の基準ともなるKPIを設定します。

ＫＰＩは業種や事業フェーズ、競合環境などによって異なります。アプリダウンロード数や獲得会員数、ＥＣの会社なら購入数などが考えられえます。ゲームアプリなどではダウンロードしたままで開いていない人、また途中でプレイしなくなってしまう人が多いので、休眠ユーザーのリターン数なども有効です。

何千万円単位の商材を扱うＢｔｏＢ企業の場合は、成約までとても時間がかかるので、テレビ放映前後での指名検索数、サイトセッション数の増え具合などをＫＰＩに設定することもあります。

これらのＫＰＩを基準として、さまざまな視点からその効果をシミュレーションします。放映期間、男女別５歳刻みのターゲット、エリアといったセグメントに対して、広告効果予測などを事前に確認。それぞれ推定されるＧＲＰ、ｉｍｐ、ＣＰＭ、ターゲットＣＰＭ、到達人数（ターゲットリーチ）を算出した上で、最も適していると思われる出稿プランを作成します。

放映エリアを検討する際は、クライアントが持っている実績データとテレシーが持っている放送局ごとのデータを照らし合わせて、最もコストパフォーマンスが高く、売上につながりそうなエリアを選びます。例えば、クライアント実績で「ユーザーの中心は東京だけれど、意外と静岡エリアも高い」といったことがわかり、放送局データで「その時期であれば静岡と北海道のＣＰ

Mが安い」となっていたら、「では、静岡エリアを盤石にするために静岡で出稿してみよう」という判断になるわけです。

時系列モデルにより効果の判定と分析を行うテレシーアナリティクス

PDCAの順番に沿うと、次はクリエイティブから放映までの「D（Do）」となりますが、その前に運用型テレビCMの肝である「C（Check）」にあたる効果測定について説明します。

CM効果の判定と分析を行うのは、「テレシーアナリティクス」というテレシーが独自開発した分析手法で、2022年8月に特許を取得しています。効果測定ロジックは3ステップに分かれていて、最初がテレビCM放映直後のテレシー独自のアナリティクスによる効果測定、次がビデオリサーチの実績とテレビCM効果数を放映コストで換算したCPA、最後に、放映後一定時期の残存効果数値と、段階的に見ていきます。この3ステップそれぞれについて、エリア、番組、クリエイティブごとに検証するわけです。

この分析ロジックの特徴は、時系列モデルを用いていることにあります。事前にクライアントからKPIとなるデータを約3カ月程度ご提出してもらい、そのデータを学習させてモデルを構築。ＫＰＩ数値を1時間ごとに推定していきます。このモデルの推定結果と実際のデータとを突き合わせて検証したところ、その誤差は全国平均で5％以内とかなり高精度でした。

そのようなモデルを作っておき、お客様獲得の流れをテレシーで把握した上でテレビＣＭを放映するので、推定結果の差分から効果を測定することができる仕組みになっています。

さらに、視聴率調査会社からの視聴率実績データと、推定されたＣＭ実績効果の数を掛け合わせ、発注額ごとの効果を算出していきます。

同様の測定技術は他社の運用型テレビＣＭでも開発されていて、ある会社ではＣＭ放映後一律Ｘ分間の効果を検知する仕組みなどを開発しています。ただ、スマホゲームアプリをダウンロードするのと高級ベッドを購入するのとでは購買ハードルがまるで異なります。スマホゲームならＸ分間で効果が出るとしても、高級ベッドは購入までもっと時間がかかるはずで、放映後Ｘ分というような一律の検証方法では正しい評価は難しいでしょう。

そういった中、当社のデータサイエンティストたちがアイデア段階から約2年の歳月をかけてロジックをつくり上げたのが「テレシーアナリティクス」です。

この測定技術には絶大な自信を持っており、年間数十億円もテレビＣＭに使っている大企業から分析だけをやってみてほしいという依頼を受けて測定したところ、「非常に精度が高い」とい

テレビCMの効果を可視化するテレシーアナリティクス

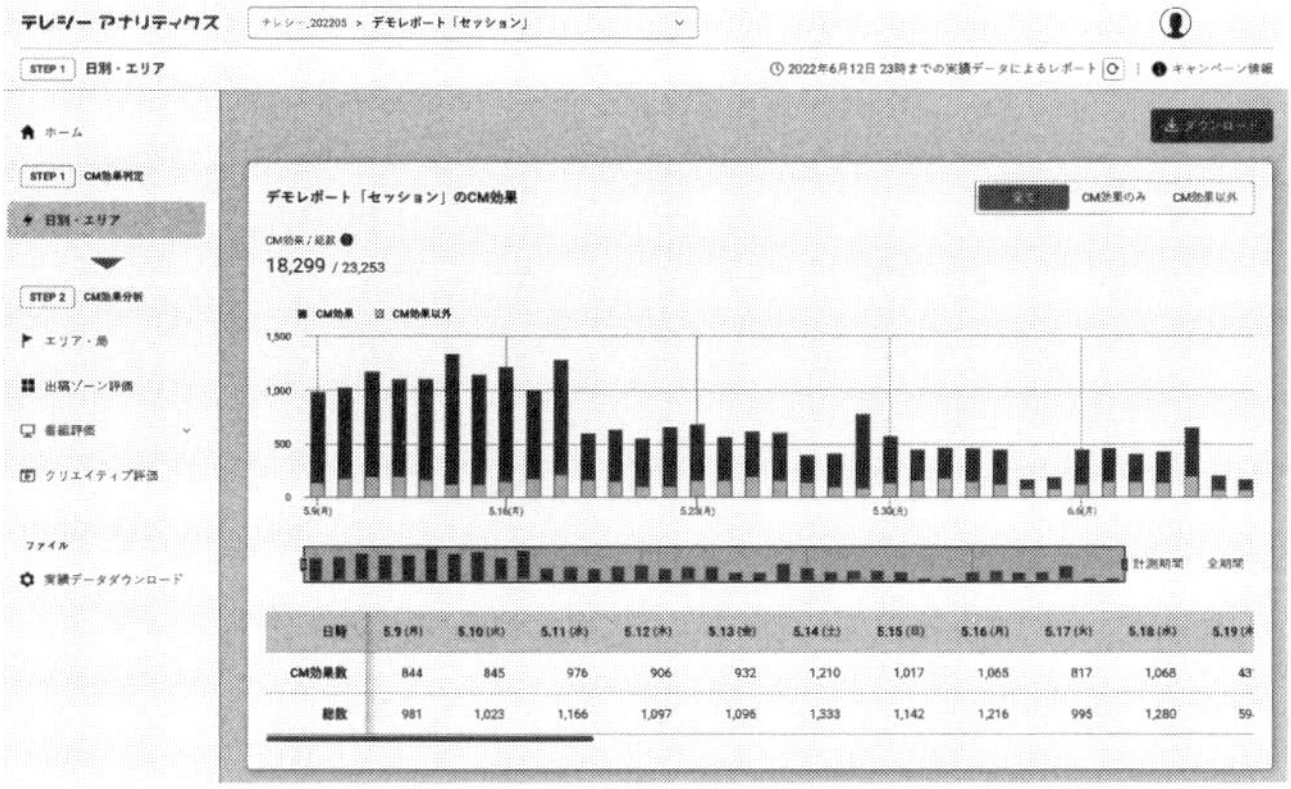

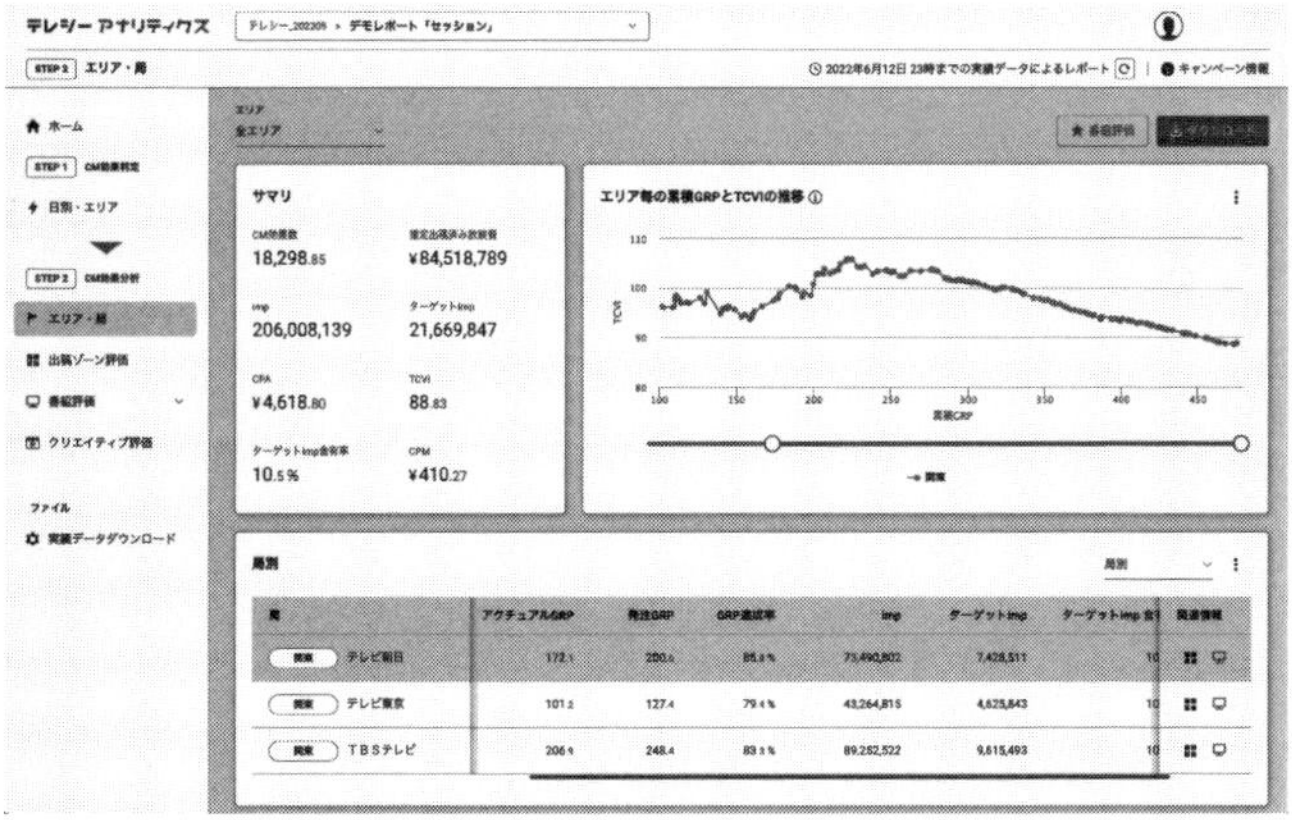

数値やグラフで表示され、状況を把握しやすい。CPM/CPA/CPIといったネット広告でスタンダードな指標を採用していることも特徴。

う高評価をもらったことがありました。このことは私たちにとっても大きな自信につながっています。

効果測定をする上では、テレビＣＭの残存効果の大きさも重要視しています。これはテレシーがテレビＣＭに出稿してみてわかったことですが、テレビＣＭの残存効果は明らかにネット広告よりも大きく、放映後1カ月ほど効果が残っている印象でした。テレシーがテレビＣＭを出稿したときの実感では、放映前の問い合わせ状況を1とすると、放映中は2くらいまで上がり、放映から1カ月くらい経っても1には戻らずに1・3で推移していたイメージです。

とはいえ、検討期間が明らかに違うスマホゲームアプリとＢｔｏＢの商材とでは残存効果の見方が変わってくるはずなので、放映後14日間を効果測定期間として、業種や商材の特性ごとの残存効果を把握できるようにしています。そうして得られた知見を、最終的には番組や放送局ごとに割り当てて分析していくことになります。

従来、テレビＣＭの効果測定には、ＧＲＰ（延べ視聴率）が用いられてきましたが、テレシーでは「ＴＣＶＩ（テレビコンバージョンインデックス）」という新しい効果測定指標を開発し、商標登録しています。ＴＣＶＩは１００万インプレッションあたりの獲得数をあらわす指標で、買い付け単価に左右されずに獲得効率をみることができるので、純粋なクリエイティブの評価ができます。この数値が高いほど広告効果が高いといえます。例えば、北海道と東京では買い付けコストが違うため純粋なクリエイティブの評価ができませんが、１００万インプレッションごとに定量化することでクリエイティブの評価が可能になるのです。

この指標でコストパフォーマンスが高ければ継続して出稿する可能性が高いので、このデータを示すことで放送局に価格交渉がしやすくなるなど、テレビＣＭに関わる多様なステークホルダーにとって有益な指標になります。

もちろん、従来のテレビＣＭで使われてきたＧＲＰ（延べ視聴率）も重要な指標の一つです。ＧＲＰは出稿する番組の世帯視聴率と放送回数から算出するので、例えば世帯視聴率10％の番組に4回、15％の番組に2回出稿すれば、10×４＋15×２＝70ＧＲＰとなります。

テレビＣＭに慣れていればＧＲＰの数字から成果を予測して出稿計画を立てられますが、この数字だけでは細かなチューニングは難しく、具体的な成果が見えにくいという弱点があります。そこで、テレシーのようにネット広告指標を用いた効果測定を行う運用型テレビＣＭが広がったのです。

クリエイティブには正解がないから難しい

テレビCMのPDCAにおける「D（Do）」の一つの大きな要素であるテレビCMのクリエイティブ制作は、これまで説明してきたことのように数値化することが困難で、正解がないだけに一番難しいところかもしれません。

私が考えるクリエイティブの役割は、クライアントの売上に繋がること。それ以外にはありません。国内外の広告賞で評価されるテレビCMもありますが、それだけを狙うのはクリエイターのエゴに見えてしまうのです。

その点テレシーに関わっているクリエイターたちは、しっかりとした事業会社目線を持っているメンバーばかりで、クライアントの売上にフォーカスしたクリエイティブ提案ができますし、ビジネスを営む上で当たり前の感覚を持っています。そのようにビジネスの発想でクリエイティブの話を進められるところも、スタートアップなどが運用型テレビCMの価値の一つとして認めた要素だと思います。

テレシーの場合は、社内のクリエイティブディレクターとプランナーが、外部のクリエイティブブティックや制作会社とパートナーシップを組む進め方が一般的です。

社内のクリエイティブディレクターは、広告代理店や制作会社出身者が多く、クライアントの事業成長に繋がるかどうかという意識をしっかりもっていることを重視して採用しています。外部のクリエイティブパートナーについては、テレビCMにおいて素晴らしい実績を持つブティックもあれば、テレビCMの経験はあまりないもののリーズナブルで質の高いCMが制作できる制作会社もあります。そのレンジの広さがテレシーの強みで、色々な特徴を持つ多数の制作会社とパートナーシップを組むことで、プランに応じた多彩なクリエイティブを実現しているわけです。

しかし、クリエイティブには「こうすれば絶対に売れる（問い合わせが増える、イメージが上がる）」と言える正解がありません。

これまでに広告主テレシーとしても3つのテレビCM素材を制作しました。1回目はまったくの素人である私がクリエイティブディレクターを務めて、コストをかなり抑えたもの。2回目は広告代理店のクリエイティブチームに依頼して、かなりお金をかけたもの。そして、3回目はテレシー社内のクリエイティブチームで制作したもの。3回それぞれにまるで違うクリエイティブになっています。

3回のテレビCMに関して、定期的に、認知、興味関心、購買意欲などがどれくらい変化したかを調べています。出稿量はそれぞれ異なりますが、CMの効果が一番高かったのは、素人の私

テレシーのCM

テレシーちゃん編

タクシー編

プレゼン編

テレビのほかタクシーサイネージなどで放映されるCMは、当初からタレントの福岡みなみさんを起用。すっかりテレシーの「顔」となっている。

が作った最初のＣＭでした。これは私のクリエイティブが優れていたとか、実はセンスが良かったといったということではなく、それだけクリエイティブはわからないということなのです。

クリエイティブの難しさについては、元Ｐ＆Ｇのブランドマネージャーで株式会社ＭＤ代表取締役の石井賢介さんも「正直、そこは直感です」と話していました。石井さんといえば、戦略的マーケティングのスペシャリストで、徹底してロジカルなマーケティングを実践されてきた方です。その石井さんですら「直感」だというのですから、それがいかに難しいかわかっていただけるかと思います。第2章の南坊さんとの対談でも同様のことを話しています。

そんな中で、私たちが大切にしているのは、経営者やプロモーション責任者などのクライアントの思いと、こちらの思いをぶつけ合い、納得した上で制作すること。

テレビＣＭは基本的に認知度を高めるためのもので、まず知ってもらうということが前提にあります。その先の目的として、そのサービスの認知度が高まればいいのか、それとも興味関心を高めたいのか、ユーザーのサービス理解を促したいのか。ＣＭの目的を明確にすることが、クリエイティブの方向性を考える上での一丁目一番地です。そこから企画に落とし込み、クリエイティブ全体を考えていく作業へ進むことができます。

この段階での摺り合わせを疎かにしてしまうと、制作が始まってからの発言がフラフラして、関わるメンバーの皆が混乱してしまいます。逆に、お互いにゴールが共有されていて、納得の上でスタートしていれば、途中で不安になったクライアントが無茶な要望をしてきたとしても「それは無茶ですよ」と軌道修正をすることができます。

クリエイティブについて考えるとき、15秒と30秒、どちらがいいかと相談されることがあります。日本の地上波テレビでは15秒CMが主流ですし、コストパフォーマンスで考えれば15秒のほうが圧倒的に効率がいいのですが、サービス理解を促したい、商品の良さを伝えるのにある程度説明が必要といった場合には、「15秒では難しいので30秒にしましょう」と提案することもあります。

同じように、タレントを使うか使わないかでどれくらい認知度が変わるか、クリエイティブの実績データを求められることがあります。もちろん、私たちはそのような実績データに基づいた分析もしていますが、それは「その会社のCMの場合」という一つのファクトでしかありません。その会社が人気のタレントを起用したCMにより大幅に売上を伸ばしたからといって、同じ結果が出るとは限りません。

すでにコモディティ化されているような商品で、名前を知られること、好きになってもらうことが何よりも大切というような場合には、好感度の高い人気タレントを起用することでその商品の好感度も上がりますし、ブランディングにも効果的です。ＣＭの尺もコスパ重視の15秒でいい。しかし、スタートアップやＢｔｏＢの会社が同じことをやっても誰にも届かないし動きませんから、じっくりと話し合いながら落としどころを探していく必要があります。

ここは非常に重要なポイントなので、テレシーでも業種別に要素を分解したクリエイティブの評価指標をつくろうと検討していますが、実現はまだまだ先になりそうです。たとえ実現したとしても、そのデータだけを信じていいのかどうか。目に見えるデータ以外の要素があまりに多いのがクリエイティブの難しさですから、データに囚われすぎてはいけないとも思っています。

目の前には実績データが積み上がっていても、それすら疑わなければいけないほど確かなものがない。そんなクリエイティブの難しさと面白さを実感しています。

CASE1 グラムス

オンラインゲームの継続利用を支えるテレビCM

黒田俵伍氏 × 土井 健

人気アイドルやYouTuberを起用したCMが話題

土井 グラムスでは、どのような形でプロモーションを展開していますか。

黒田 ゲーム市場では、立ち上げ時のプロモーションで話題をつくり、多くのユーザーの方々に認知していただくことが非常に重要になります。2021年10月

黒田俵伍

グラムス／マーケティング総指揮。2009年株式会社マイナビに入社し、新卒採用領域にて、新規契約数、担当クライアント数、チーム新規契約数全国No.1の3冠を達成し、MVPに選ばれる。経営企画室に異動し、CVC事業創業メンバーとして、ベンチャー企業に出資を行い、会社を拡大させた。2017年に株式会社グラニに入社。IP取得や海外パブリッシャーとの契約など多岐にわたる業務を従事。現在は取締役CEOに就任。スマホゲームの海外進出事業をメインとした株式会社スレイプニルを設立。2022年現在は株式会社グラムスのラグナドールCMOのほか、マーケティング・人事コンサルタントとして従事している。

にリリースしたスマホ向けゲームアプリ『ラグナドール』では、ウェブプロモーションにテレビCMというマスプロモーションを掛け合わせて展開しました。リリースから1年が経ちましたが、プロモーションの手応えは大きく、オリジナルIP（キャラクターなどの知的財産権）タイトルとしてはヒット作になりました。

土井　タレントの起用方法など、ユニークなマーケティング施策が成功要因のように見えます。

黒田　CMについてはゲームと親和性のあるアーティストを起用しています。YouTuberのヒカルさんにはゲーム開発のかなり初期からアプローチしていて、ゲームづくりにも関わってもらっている感覚です。また、BiSHのメンバーにも、LIVE会場に向かい、プロモーション戦略だけでなく、ゲーム自体の面白さについても、プレゼンし続けました。

一般的なタレント広告は、旬の芸能人をテレビCMなどに起用して、絵コンテ通りに演じてもらうやり方かもしれませんが、ラグナドールの場合は、ゲームを理解

『ラグナドール』のテレビCM

して面白いと思ってくれるアーティストさんに出てもらっていることが一番の特徴です。ヒカルさんは専門チャンネルを立ち上げるほどプレイしてくれますし、ＢｉＳＨはメンバーのうち２人を声優として起用するほか主題歌も歌ってもらっています。

土井　ここまで多面的、かつ新奇性のあるプロモーションをやった会社はあまりないように思います。

黒田　もともと自分が営業出身で、代理店を使わず自分の足で獲得したプロモーションの種をパズルのように組み合わせていったからかもしれません。テレビＣＭ以外ではウェブプロモーションはもちろん、モバイルゲームとしては初めてピッコマでマンガ化するなど、さまざまなコラボレーションを仕掛けて、どこに行ってもラグナドールが目に入るような世界をつくっていきました。一般的な広告代理店の提案に頼ってしまうと、ウェブとテレビがメインで、あとはＳＮＳでフォローという形になったと思います。

土井　ゲーム自体をメディアとして活用する取り組みもされたそうですね。

黒田　ゲームをプレイしている何十万人が毎日デバイスにアクセスしていると考えると、それはもはや広告媒体だなと思いまして。ファンにとっては、そこに行けば

B・iSHに会える、ヒカルさんと繋がれるというのは、すごく強いメディアです。ホーム画面ではB・iSHのオリジナル主題歌が聴けますし、該当キャラをゲットすれば推しメンバーの声が聞こえるなど、ファンにとって嬉しい要素がたくさんある。そういうところは意識しました。

ライブ時間を考慮したCM放映など細かくチューニング

土井　様々なプロモーション施策におけるテレビCMの位置づけと、意識してきたことを教えてください。

黒田　テレビに関しては、〝今トレンドのGAME〟だということを伝えたいという思いがありました。ウェブプロモーション×テレビCMの効果はとても大きく、毎日CPAと継続率を追っていますが、テレビCM放映期間の継続率がとても高いです。オンラインゲームではダウンロードしたその日しかプレイしないケースが多く、そのまま戻ってこないことも多いですが、テレビCMを続けていると、新しいキャンペーン情報を提供できるだけでなく、「流行っているゲーム」「力を入れている作品」という事実を伝えることができ、継続率が高くなります。

そのためにクリエイティブも何種類も制作しています。BiSHやヒカルさんのクリエイティブはもちろん、アニメとのコラボタイミングでは、その作品の世界観に合わせた新しいクリエイティブを制作し、ラグナドールの新しいテレビCMをずっと流し続けるという手法をとっています。

土井　結構な金額を最初から投下する意思決定をされていましたが、大手広告代理店ではなくテレシーを選んだ理由はどこにありますか。

黒田　5、6社でコンペをした中でテレシーさんが一番良かったのは、ターゲティングです。ゲーム層に対して効果がある枠取りの提案はどこの広告代理店でもしてきますが、BiSHが過去に出た番組やこれから出てくる番組を必ず入れてくれたのはテレシーさんだけでした。さらに、彼らのファン行動まで想定して提案してくれたことが一番ありがたかったです。

実際に、このような枠でCMを出稿しますという事前情報が営業で使えました。ヒカルさんのチームにもその点を気に入っていただいたようで、ヒカルさんの生放送チャンネルでファンの皆さんとテレビCMを一緒に見ようというキャンペーンを実施したこともあります。

土井　親和性のあるメディアプランを提示できたということでしょうか。

黒田　M1層（20～34歳男性）ということに加えて、かなり緻密なプラスαを出してくれたのはテレシーの営業努力だと思います。中でもすごいと思ったのは、BiSHのライブスケジュールをお伝えしたところ、そのライブに合わせてその地域のCMを流す提案をしてくれたこと。北海道のライブのときにはBiSHのメンバーのところに友だちから「CMめっちゃ流れていてすごいね」というLINEが来たらしくて、それを私にも嬉しそうに教えてくれました。お陰でBiSHのテンションもすごく上がったそうですし、ラグナドールは流行っているんだと思ってもらえたはずです。

土井　北海道のテレビ広告枠はそれほど大きな金額ではありませんから、コストパフォーマンスの高い投資になりますね。

黒田　しかも、すごく細かく設定してくれていましたよね。ライブスタートが夜7時頃だからその時間を外して、ライブに行く前の家で支度する昼間、ライブ後の家に帰る頃の深夜という時間にCMを流して、1日を通してBiSHに会えるようにしてくれました。

インハウス制作にすることで出稿枠を増やす

土井　クリエイティブを何種類も揃えていました。当社ではお手伝いしていませんが、どのような体制で制作しましたか。

黒田　メジャーなタイトルならいいのですが、まだそれほど認知されていない状況で世界観だけを見せるCMではよくわからないので、ゲームの画面やプレイシーンはしっかり見せることにしました。ラグナドールはマルチゲームなのが売りの一つなので、みんなでワイワイとマルチプレイしているところを見せるなどしました。

クリエイティブについては、広告代理店に依頼せず直接制作会社と進めました。私も一緒になって絵コンテをパワーポイントで作成するなど、絵コンテだけで8、9カ月ほどかかっています。そのために、制作会社のスタッフにもゲームをプレイしてもらいました。

土井 全体的にインハウスでコーディネートされている印象ですが、進める上で重視したポイントはどこですか。

黒田 クリエイティブ制作において、広告代理店に依頼するメリットは自社の工数を減らすことですが、仮にそうした手間を省いて3000万円多くかかるのなら、その3000万円はより多くの枠を押さえることに使いたいという考え方です。できるだけ多くの人に良さを届けたいという気持ちがあったので、作業的な部分は自社で巻き取って、自分たちでできることはやりました。

継続率を高めるフックとしてテレビＣＭを活用

土井　獲得単価ではウェブよりテレビのほうが高くなりますが、特に重視している評価指標は何ですか。

黒田　私はユーザーの方々の継続率を一番重視しています。オンラインゲームで、ユーザーがいないゲームをプレイしようと思わないので、何日間プレイしてもらっているかはすごく大切です。その指標で見ると、テレビＣＭを放映しているタイミングは目に見えて継続率が高くなります。

土井　獲得ＣＰＩだけでなく、テレビＣＭを流している間は「皆このゲームをやっているんだな」と思って続けてくれることを重視しているということですね。

黒田　そうなんですよ。獲得自体はＴｉｋＴｏｋのほうがよく、キャラのかわいさなどがユーザーには刺さるのですが、ゲームを始めてもなかなかそのキャラが出てこないなどして続かない人も多いのです。

その点、テレビCMは継続率が高く、復帰も多いです。ダウンロード後しばらくプレイしていなかったけれど、テレビCMを見てまたプレイしてみようと考えるのだと思います。ゲーム内イベントやキャンペーンなど毎月のようにアップデートをしていて、その都度ウェブCMでも告知しますが、テレビCMが後押ししてくれている感じです。

土井 テレビを含むマスマーケティングとウェブマーケティングは、どのような割合でやっていますか。

黒田 一番比重が大きいのはウェブですが、テレビでもウェブでもないオーガニックと呼んでいる独自展開にも30％くらい使っています。海の家のコラボとか、パチンコ・パチスロコラボとか、実際に触れられる、どこに行っても会えるというように、ラグナドール漬けの環境を作ろうとしています。

土井 貴社のやり方はかなり独創的だと思いますが、その着想はどこからくるのでしょうか。

黒田　思いつくというより、自分からかなり情報を取りにいっていますね。ゲームを広告メディアとして見るという点はかなり斬新らしく、ゲームにはこれだけユーザーがいて、多くの方々に見てもらえる媒体なんですよということは、色々な企業に刺さります。

ユニークなところでは、大手飲料メーカーの自動販売機とのコラボにも取り組んでいます。ドリンクを買うとゲーム内で使えるガチャ券がもらえるという仕掛けです。このやり方だと、こちらはほとんどコストをかけずに露出することができますし、飲料メーカーとしてもガチャ券のためにドリンクを買ってくれる新規顧客獲得が見込めます。

土井　Ｗｉｎ－Ｗｉｎでありながら、とても立体的な展開ですね。とても参考になります。

株式会社グラムス

モバイルオンラインゲーム開発を行うgumiの子会社として、2018年4月に設立。2021年10月にスマートフォン向けRPGゲームアプリ『ラグナドール 妖しき皇帝と終焉の夜叉姫』をリリース。リリース前の7月からテレビCMの放映を始め、タイトルリリース後も次々と新CMを放映。アイドルグループBiSH（ビッシュ）、YouTuberのヒカルを起用したCMが話題。

CASE2 SHE

成長加速へ、創業6年目で初のテレビCM出稿

五島 淳氏×土井 健

五島 淳

2010年に電通入社し、ブランド/マーケ戦略構築、DMP構築、キャンペーン企画、KPI設計/PDCA、CI・VI/顧客体験デザイン、デジマ運用や事業推進コミットなど、幅広い業務を担当。2019年、ミレニアル女性向けの教育事業スタートアップであるSHE株式会社へ経営参画。受講者6万人を突破した「自分らしい働き方・生き方を見つけて、叶え続けるための共創コミュニティ SHElikes」を主要サービスとし、マーケティング・グロース全般や事業戦略などを担当する。

女性向けクリエイティブスクール事業を展開

土井　SHEではどのようにプロモーションを展開してきたのでしょうか。

五島　当社の主要事業であるシーライクスは、ミレニアル世代の女性のためのサブスク型クリエイティブスクールです。オンラインでもオフラインでも受け放題でマーケティングやクリエイティブを学べるほか、仕

事の機会やコミュニティ機能を提供しています。

プロモーションに関しては、創業以来、ウェブ広告を中心に展開してきましたが、事業規模が大きくなるにしたがって、認知の壁を感じたり、集客ペースの鈍化を感じたりすることが増えてきました。だからといって顧客の市場を獲りきったわけではなく、単純にまだリーチできていない潜在顧客が多いだろうという考えから、2022年1月に初めてテレビCMを出稿しました。

土井　創業6年目で初めてテレビCMを出稿することになった理由はなんでしょうか。

五島　ゼロから事業を育ててきて、オンラインサービスとしてある程度受け入れられたPMF（プロダクトマーケットフィット）の状態になってから2年程はデジタルを主体としたプロモーションでも成長してきました。しかし、成長の加速が求められるようになると、デジタルマーケティングだけではどうしても事業の成長速度が鈍化します。

より強い一手を打とうと考えたとき、リーチ効率が良く、ターゲットとの相性も非常に良いのがテレビＣＭでした。２０２２年1月に出稿を決めたのは、ターゲットである生活者のチャレンジしたいマインドが年初に高まると考えたからです。その頃は資金調達による余剰資金もあったので、投資先を探す中でテレビＣＭ出稿を決めたという背景もあります。

土井　デジタルプロモーションにはどのような課題があったのでしょうか。

五島　当初はデジタルプロモーションで伸びていましたが、予算を上げるほどＣＰＡは悪化傾向にありました。また、ウェブは獲得を中心としたプロモーションになりがちです。しかし、まずは知ってもらい、興味関心をもってもらうことで購買につながりますから、マーケットの土台となる認知度を高めるプロモーションとして、ターゲットであるＦ1層（20～34歳女性）にリーチしやすいテレビＣＭのほうが優れていると判断しました。

スタートアップに対応できることがテレシーの強み

土井　テレビＣＭに投資すると決めた経緯についてもお聞かせください。

五島　私は前職が電通で、スタートアップ支援を担当していたことがありました。そのときの経験から、成長速度が鈍化したときにはデジタルプロモーションに閉じてしまうのではなく、一定の予算を投じてもテレビＣＭを活用して認知を広げたほうが効率よく伸びることを知っていました。テレビＣＭが起点となってさまざまな事業が生まれて成功している企業も多く見てきたので、手法としてテレビＣＭだと思っていましたし、今こそそのタイミングだと思いました。テレビＣＭに投資すると決まってからは、複数の最新ソリューション状況をリサーチした上でテレシーにお願いすることに決めました。

土井　電通にいた五島さんがテレシーに声をかけてくれたのは素直に嬉しかったです。ですので、最大限のアウトプットで応えていきたいということで体制を組み、メディアのバイイングなど今でき得るすべてをやろうと取り組みました。

五島　当初は、バイイング力のある大手広告代理店を中心に検討しました。ただ、大手には、ナショナルクライアントと比べると100分の1以下の予算規模のスタートアップと向き合ってくれる担当者は少ないように感じています。スタートアップの感覚をもって一緒に伴走してくれる営業やクリエイターは希有な存在で、いたとしてもメルカリのようなメガスタートアップが優秀なチームを抱えているケースも多いので、新規でそこまでのチームを組むとなるとコストがかかりすぎてしまいます。

そのような中で、テレシーはデジタルに強い形でテレビCMの運用ができると宣伝していましたし、100万円から出稿できて小回りが利くとのことなので、スタートアップにも寄り添っていただけそうだといったところでご相談しました。しかも、電通グループであるテレシーなら、電通のバイイング力をそのまま活かしてコストを抑えた提案をしてもらえるなど私たちのニーズと非常にフィットしていると思いました。

土井　こちらとしても、五島さんのようなマーケティングのプロに応えられるように、電通のテレビCMのバイイングを担当していた当社COOをアサインしましたし、貴社のターゲットが一番多いところを放送局ごとに調整して一番コストパフォーマンス高く買い付けをし、実施後の細かなレポーティングまで最大限尽力しました。

認知度アップに注力したプロモーション戦略

土井　テレビCMへの出稿にあたって要望したことはありますか。

五島　三つあります。一つは買い付けコストの単価です。予算に対して一定の効果が出るような価格感でトライしてほしいとお願いしました。二つ目は、適正なターゲットにきちんとリーチできる買い付け枠をお願いしたところ、大手と遜色ない形で提案をしてくれました。三つ目はレポーティングの部分で、認知や行動の変化がわかるパネル調査など、大手と同クオリティでレポートを出してもらうようにお願いしました。それらの要望を伝えたところ、テレシーからはウェブコンバージョンやサイト来訪とクロスした指標など、単純な周知に関するアスキング調査だけでなく、テレビCMの放映をクロスした潜在顧客の動きまで見られるご提案をいただきました。

土井　できるだけご要望にお応えできるように、当社のデータサイエンティストがカスタマイズしてあらゆる軸で見られるようレポートしました。かなり力作のレポートが出せたと思います。出稿時の目標とした数字やKPIはどのように設定されていましたか。

五島　売上のほか、サブスクなので入会人数がどれくらい増えたかを重視していました。そのためにまずはサイトに来てもらう、問い合わせをもらうといった反響数が重要なので、そういったところをKPIとして設定しています。
さらに細かく見ていくと、ウェブ広告だけでは届いていない層、ウェブ広告を見ても知らないサービスはスルーする層などがいて、まだまだ認知度が低いスタートアップだという自覚もありましたから、サービス認知という指標を広告認知率と紐付いた目標も設定しました。

土井　テレビCM放映後の効果はどうでしたか。

『シーライクス』のテレビCM

五島　放映から数日は、テレビＣＭを見て知って興味関心が高まる状況がつくれるので、ＣＴＲ（クリック率）の増分よりもよく広告がクリックされましたし、検索からのサイト訪問も増えたので、結果的に問い合わせも増加しました。

土井　継続的に出稿することは最初から決めていたのでしょうか。

五島　認知への投資は必要だと思っていましたから、その手段の一つとして継続して出稿していくことは想定していました。初めて出稿したときは通常期よりコストが大きく増えても最大の売上を上げることができましたし、今年度も売上は顕著に伸びていましたが、さらにインパクトのある数字を出したかったので、テレビＣＭ出稿の継続を決めました。

ただ、シーライクスはオフラインの教室も展開していて、コロナ禍でオフラインのプロモーションを積極的に展開していいのかを迷うところはありました。最終的には、感染の状況が少し落ち着いていることや消費者動向の活発化など、複合的な判断から継続を決めたという経緯があります。

テレビＣＭを放映して明らかになったプロモーション課題

土井　テレビＣＭを出稿してみて、予想通りだったこと、もしくは予想外だったことは何でしたか。

五島　予想通りだったのは、認知が広がれば集客に繋がるということ。シミュレーションしていた通りに売上が伸びました。予想外だったのは、自分たちで思っていた以上にシーライクスが知られていなかったことですね。テレビＣＭにより認知度は高まりましたが、放映前に初めて実施した調査で認知率の低さがわかりました。ネット上で見ているとＳＮＳでは盛り上がっていましたし、濃く届いていると見えていましたが、それは一部のセグメントでしかなかったんですね。ウェブで盛り上がっているように見えても、実際に届いている層には伸びしろがあり、テレビＣＭはその伸びしろに届くメディアだとわかったことは収穫でした。

土井　貴社と同じようにデジタルプロモーションで成長速度の鈍化を感じているス

タートアップは多いと思うので、当社としてもそのようなクライアント様と今後ご一緒できる手応えを感じる機会になりました。課題としては、今回はサービス内容をしっかり知ってもらうために30秒CMにしましたので、15秒ではどうか検証してみる余地はあると思います。

五島　そうですね。30秒か15秒か、都心部と地方のどちらから始めるかなど様々な議論があります。当社の場合は社内でプランニングをリードしましたが、そこも含めて幅広くフォローしてもらえるとありがたい会社は多いのではないかと思います。

土井　できるだけクライアント社内で内製化できればいいのですが、クライアントにCMOがいなくても、当社がCMOのような立ち位置になれるといいのかもしれませんね。それが結果としてクライアント様の事業成長に繋がると思うので、そのためにもケイパビリティの拡張をしていきたいと思います。

五島　私たちの事業もキャリアスクールという枠にとらわれず、スキルを学びながら繋がりもできて、理想のキャリアや生き方を叶えられるプラットフォーム事業へ拡張していきたいと考えています。プロモーションの方向性についてもスクールとして学びたい人に限定せず、もっと幅広い人に使っていただけるよう裾野を広げる展開を目指しています。コアな訴求点を変えずに、もっと幅広い層に刺さって届くクリエイティブやプロモーションを考えていきたいと思います。

土井　テレビCM以外にも、貴社の事業成長に貢献できるようなプロモーションをトータルでサポートしていきたいですね。

SHE株式会社

「一人一人が自分にしかない価値を発揮し、熱狂して生きる世の中を作る」というビジョンのもと、2017年4月に設立。主要事業である『SHElikes（シーライクス）』はミレニアル女性たちが自分らしい働き方を叶えられるよう、ウェブデザインやウェブマーケティングなどの32職種のクリエイティブスキルレッスン、仕事の機会を提供（2022年12月現在）。5年間で6万名以上が登録。2022年1月に初めてテレビCMを出稿した。

125
124

第4章

広告は未来への投資
事業成長への貢献が不可欠

「広告主テレシー」の経験と実績がもたらす説得力

株式会社テレシーは、その名の通り、運用型テレビCMプラットフォーム「テレシー」を提供する事業者ですが、テレシー事業者であることを含めて〝四つの顔〟を持っています。

一つめは、プラットフォーマーとしての運用型テレビCM「テレシー」。
二つめは、広告主としてのテレシー。
三つめは、オンオフ統合マーケティングを提供する広告代理店。
四つめは、今までにないメディアの開発会社。

この四つの顔があるからこそ、あらゆる方面からクライアントの利益最大化に貢献することができ、他社にはないテレシーのユニークさとなり、急成長にもつながったのだと思っています。
そこで、この章では、テレシーが進めてきたことのすべてを紹介しながら、事業成長に繋がるマーケティングやプロモーションについて考えていきます。その中には、ただテレビCMで露出するだけでは十分ではない理由や、メディアとの付き合い方など、マーケティングを考えるときに大切にしたいポイントをお伝えしていきます。

この四つの顔はバラバラに存在しているのではなく、お互いに補完し合う関係です。プラットフォーマーとして、広告代理店として、新しいメディアの開発会社として、それらすべての効果を確かなものとするために、テレビのほかにもタクシー、エレベーター、マンション、トラックと、どのメディアでも自分たちが真っ先に広告主となりました。広告主として投じた広告費はこれまでに10億円超にものぼりますが、投入した金額以上の圧倒的なリターンがあり、確実に当社の知名度上昇に役立ちました。

しかも、自分たちが広告主として感じた手応えがあり、改善や注力するポイントなどが分かっているので、提案先の企業に対する説得力がある。広告主としての投資は、私たちの成長にとって欠かせないものでした。

数々のメディアプロモーションを実行して、特に大切だと感じたのは〝実体験から生まれる肌感〟です。出稿する業種や業態、会社、地域によってすべきことは異なり、これをすれば100点だと言えることなどありません。運用型テレビCMが登場して、出稿のハードルが下がったことは良いことです。ただ、そのような状況だからこそ、広い業界というマクロと現場のミクロを行き来しながら、自らが属しているところ、個々の事業単位でやるべきことを見極めていく必要があります。そのような肌感を掴めたことは、テレシーにとって大きな収穫となりました。

数億円の投資で実感したテレビＣＭのポテンシャル

テレシーが初めてテレビＣＭを出稿したのは、２０２1年9月から11月にかけて。それ以降も現在に至るまで定期的に出稿して、自らが広告主となることでクリエイティブの違いによる効果などを検証しています。もちろんテレビＣＭによりテレシーの認知度を高めることが一番の目的です。

出稿してみて、本当の意味でテレビＣＭのポテンシャルを知ることになりました。特に大きかったのは、「テレビＣＭは思うほど高くない」と思えたことでした。長年にわたってネット広告、アドテクノロジー業界に携わってきた私は、多くのスタートアップ企業や中小企業の経営者と同じように「テレビＣＭは高額で、自分たちには手が届かない」と思い込んでいましたが、実は、リーチ単価で見れば決して高くはないのです。

一般的にテレビＣＭを使ったキャンペーンの媒体費は数千万円から億単位におよぶこともあり、投資額はかなり大きくなります。ただし、届く層の幅広さや数が他のメディアとはまるで違います。例えば、タクシー広告の場合1リーチあたりの単価は2～4円ですが、テレビCMのリーチあたりの単価はタクシー広告の10分の1程度に過ぎません。タクシー広告のようにピンポイントで届くメディアではないものの、テレビを見ている人のうち数パーセントでも経営者やプロモーション決裁者がいれば十分投資に見合うと計算できますし、現実にそれくらいはテレビを見ている印象です。テレシーとしてより売上に直結する資料請求や問い合わせの単価で見ると、若干タクシー広告より高くはなりますが、1件獲得あたり数十万円半ばと、それほど悪くはありません。

地方局や深夜などのリーズナブルな枠は視聴者数が大幅に少なくなるものの、それで効果まで下がってしまうとは言い切れません。リーチ単価、顧客獲得単価という指標で見ると、深夜の世帯視聴率1％の番組周辺の枠だとしても、ターゲット層が相対的に多く含まれていれば、かなりコスト効率の良いプロモーションとなるわけです。テレビ広告のコスト面での印象としては、ネット広告と比べても大量かつ広域のターゲットに届くという認知面でのコスト効率はかなり良く、直接的に獲得できなかったとしても、最終的にそこに至る道筋がつくれるということで成功につなげることが可能です。

テレビの主な視聴者は、主婦や年配者などの決裁権を持たない人ばかりだから、BtoB企業がテレビCMなど出稿しても意味がない。そんな意見も多く聞かれますし、かつて、私もそうではないかと思っていました。

ところがこの点についても、自分たちで出稿してみて、必ずしもそうではないということが分かってきました。実際、テレシーのテレビＣＭを見たという経営者や企業のマーケティング決裁者からの問い合わせがかなり多いのです。

想定外だったこととしては、大手企業のミドルマネジメント層からの問い合わせが急増したこと。タクシー広告を経由した問い合わせのほとんどはスタートアップを中心とした経営層でしたが、大企業のミドルマネジメント層は思いのほかタクシー利用が少ないらしく、むしろテレビＣＭを見ているのだとわかりました。また、誰もが名前を知っている大企業の経営者からの問い合わせも複数ありました。確認すると、その方々は普段ハイヤーで移動しており、そもそもタクシーに乗らないということがわかりました。これも、自分たちが出稿したからこそ実感できたことです。

テレビＣＭに出稿すると、それと比例してネット広告の効果が上がることもあらためて確認できました。運用型テレビＣＭを既存のネット広告と競合させるような見方をすることがありますが、それらは決して敵対するものではないのです。

テレビＣＭを見て、指名検索数、サイトセッション数は顕著に上がりますし、放映中は、ネット広告のCTR（クリック率）、CVR（コンバージョン率）ともに従来の約1・3倍にまで増加しました。しっかりと「テレビCM放映中」とバナーやサイトに表記することで、テレビCMの直接効果だけではなく、ネット広告や他のメディア広告を後押しする効果もあるということです。

テレビCMには、その他の副次的な効果もあります。代表的なものとしては、テレビCMを放映しているということで信頼性や公共性が増すこと。それをきっかけに他社との協業や新規事業が立ち上がりやすくなるかもしれません。

また、人材募集をしているときには、顕著に応募者が増えます。具体的な業務内容を知らないような人も、テレビCMで目にしたことがあるということをきっかけに応募してくれることもあります。これはスタートアップの成長を後押しする大変ありがたい効果です。加えて、既存社員のモチベーションが上がり、社内の雰囲気が良くなるというメリットもあります。

こうした副次的な効果も含めると、テレビというのはコストに見合った効果が得られるメディアだと思うのです。

プロモーションの目的は認知度を高めること

大金を投じて自ら広告主となるのは、広告主だからこそ知りうる肌感などを理解したいという意図もありますが、1番の目的は、テレシーの認知度を高め、顧客を獲得していく必要があるからです。運用型テレビＣＭの事業者としては後発にあたるテレシーは、今なお認知度を高めるフェーズにあるとみなしています。そもそも「運用型テレビＣＭ」を知らない人もまだまだ多いのが現状です。

テレシーでは、テレビＣＭの最大の目的である「認知度」に関するアンケート調査を定期的に実施しています。２０２２年7月に調査した「テレシー認知度調査データ分析報告書（第三回）」は回答者のほとんどがマーケティングに関与していない人でしたが、「運用型テレビＣＭを知っている」と答えた人は5％と10％にも満たず、「名前だけは知っている」という人を加えても20％強でしかありません。対して、「知らない」という回答は77％以上でした。

問い合わせを増やし、売上を伸ばすにしても、まず知ってもらわないことには始まりません。プロモーションの効果として、資料請求単価といった短期的な指標も重要ですが、テレシーが目指しているのは、ＧＡＦＡのいない１・７兆円におよぶテレビＣＭ市場で確固たるポジションを確立していくことです。となれば、中長期的な認知度がかなり重要になってきます。この認知度調査はその臨界点を把握するためのものであり、臨界点を超えるまではアグレッシブに広告投資をし続けるという覚悟を持って取り組んでいます。

テレシーがテレビCMの出稿戦略を考え実行する上で、これまでのネット広告での経験を存分に活かしています。ネット広告では、予約型の純広告と運用型でコストパフォーマンスの高いところに流せるアドネットワークという両面から考えます。予約した枠に決まった条件で出稿できる純広告は、広告料金は高いですがピンポイントで効果を狙えます。その一方で、複数の広告メディアを集めた配信ネットワークをパッケージとして効率よく出稿できるアドネットワークは、安いですが、必ずコアターゲットに届くとは限りません。とはいうものの、アドネットワークのほうが獲得効率が良かったということはよくあることで、安いから効果がないとは言えない難しさがあるのです。

それはテレビでも同じで、特定の枠に絞りすぎてしまうと、放映単価が上がりすぎて、結果として効果が得られないという恐れもあります。ですので、クライアントが仮にニュース番組を希望したとしても、ニュース番組の周辺のみを押さえるのではなく、バランスを考慮したメディアプランをお勧めしています。

また、トータルのプロモーション戦略としては、テレビCMに限定せず、満遍なく色々なメディアを活用することを重視していて、あえて一カ所に偏らないようにしています。

認知度アップ施策の一つとして、経営者やマーケターが集まるイベントにはどんどん協賛しています。テレビCMやタクシー広告を見て、テレシーのことを知ってくださっている方と、そういったイベントでお会いし、直接お話しすることでそこから受注に繋がることも多々あります。外部のセミナー登壇など、自分の顔を出したプロモーションもかなり積極的に行っています。

マーケティングイベントの参加者の間で認知度が大幅に上がったことは2章でも述べましたが、テレシーを「知っている」と答えた人に何を通して知ったかを聞くと、ほとんどが「テレビCM」と答えていました。

あるイベントでは大企業のミドルマネジメント層の参加者が多く、その層は意外とテレビを見ているということがわかりましたし、今すぐテレビCMを打つようなニーズが顕在化していないとしてもその方々はテレシーのことを既に知っているのですから、必要なタイミングでテレシーを思い出し、問い合わせてくれる可能性が高くなります。

やりっ放しで終わらない、改善し続けるためのアプローチ

広告主として出稿するからには、その広告にどれほど効果があったのかしっかりと見極めなければいけません。

しかし、テレビCM以外のメディアについてはテレシーアナリティクスのような独自の分析ツールを持っていません。そこで、メディアごとの効果を数値として可視化できるように以下の二つのことを徹底しています。

一つ目は、サイトのお問合せフォームに「何を見てお問合せいただきましたか」という項目を設け、実施しているすべてのプロモーションを記載して選択してもらうようにしていること。

二つ目は、テレシーのインサイドセールスのメンバーがお問合せいただいた方に必ず電話やオンラインミーティングにて、何を見てお問合せいただいたか再度聞くことです。

媒体ごとの総広告投資金額と、上記に挙げた二つの情報で媒体ごとの問い合わせ件数を入れることで、結果として大枠の媒体ごとの問合せ単価が見えてきます。

言ってみれば当たり前のことなのですが、ＢｔｏＢ企業でこの二つを徹底しているところは実はあまりなくて、これをやり切るだけでもオフライン広告ごとの大枠の効果が見えてきます。

その他、特に多額の金額を投資しているタクシー広告であれば、リサーチ会社を使い、「広告到達率」「認知後アクション率」「アクション単価」「サービス認知のリフト率」「ブランド好意度のリフト率」「利用意向度のリフト率」「リードの商談化率」「広告接触後に行った具体的なアクション」なども合わせて確認するようにしています。そして、それぞれのメディアでどういった効果があったのか、「広告主テレシーのケース」としての数値をテレシーの顧客にはオープンにしています。

オフライン広告でマスマーケティングを実施しようとしているにもかかわらず、サイトの設計や問い合わせが来た後のアウトバウンド体制が十分でなければ、出稿を少々遅らせてそこから準備していきましょうとご提案します。「何を見て問い合わせをしましたか」というような項目がきちんと設けられているか、または問い合わせが来た先のインサイドセールス環境が整っているか、といったことを一つ一つ確認していくのです。

さらに、イベントやセミナーなどの参加者の認知度や認知ルートをその都度ヒアリングしていくと、より多面的な情報として活用することができます。

数値には現れないお客様の生の声をきちんと集めて、定量と定性を複合的に捉えることで、本質的効果を計ることができます。

ターゲットを明確にした、オフライン広告の可能性と新たな展開

ここまで紹介してきたように、テレビＣＭはあらゆるメディアの中でもかなりパワフルなメディアで、他にはない様々な強みを持っています。テレシーが自ら広告主として出稿してきた経験からも、それは疑いようもありません。

しかし、クライアントの事業成長を後押しするテレシーの立場においては、テレビＣＭはプロモーション手段のひとつに過ぎないと考えています。クライアントにとって有益なメディアとなりうるものならば、どんなものでもやってみる。そんな思いから、テレビＣＭ以外にも様々なオフライン広告を扱う広告代理店、新メディアの開発事業社として、多くの広告主に提案を行っています。

もちろん、大前提としてテレシー自体の成長のために、テレビＣＭと同じように、ほとんどのメディアで自社が広告主となって出稿しています。これまでにテレシーが出稿し、その後に扱いをスタートしたオフライン広告メディア、さらには自社開発したオフライン広告メディアを以下にご紹介します。

・運用型テレビCM
・タクシー広告（タクシーサイネージ）
・オフィスビルエレベーター広告
・高級タワーマンションサイネージ
・美容室サイネージ
・セルフガススタンドデジタルサイネージ
・アドトラック
・トイレサイネージ
・調剤薬局デジタルサイネージ
・ドローンショー広告
・ヘリコプター広告

他に、喫煙所、ゴルフカート、スシローサイネージ、コピー機などをサイネージでメディア化した広告。

こうしてまとめると、デジタルサイネージなどはただモニターを掲示しているだけのように見えるかもしれませんが、それぞれに意図と背景があり、プロモーション提案で強調したいことは異なります。クライアントの業種やターゲット、事業フェーズで効果的な媒体が変わってくるからです。

例えば、美容室サイネージは美容室で長く時間を過ごす女性をターゲットにしていて、その滞在時間の長さを活かして、女性向けにじっくり説明したい商材にマッチしています。トイレの個室の壁に設置するトイレサイネージの場合は、滞在時間がかなり短くなりますが、男性だけ、女性だけといった性別セグメントを切ることができるので、男女でターゲティングしたいサービス・商品にマッチしています。

そういった形で、以降は、テレシーが扱う主要なメディアの取り組みを広告主テレシーの実体験を交えて紹介します。ネット広告に行き詰まりを抱いている企業は、オフライン広告で手応えを得ることができるかもしれません。

ＢｔｏＢ企業には鉄板の、決裁者にアプローチできるタクシー広告

サービス名をテレシーに変更し、運用型テレビＣＭ事業に本腰をいれて参入した２０２０年12月、テレシーとして最初に取り組んだマスマーケティングがタクシー広告でした。

このときのタクシー広告に関しては、放映料は２５００万円ほど投入して、約３週間実施。ＣＭ素材については私がクリエイティブディレクターを務め、数百万円台前半という比較的安価な金額で制作しました。

初めての大規模プロモーションで、こんなに大金を投じて本当に効果があるのだろうか、始めた当初は半信半疑でした。あまりに不安だったので、初めてのタクシー広告は３週間で一旦止めて、その後の約３ヶ月間はタクシー広告経由の問い合わせからの受注率、受注金額を静観しました。

すると、出稿を一旦止めて2カ月半ほど経った3月中旬になって、放映料の２５００万円は受注で十分回収できるとわかりました。当初想像していた以上に、タクシー広告はテレシーのようなＢｔｏＢ企業にとって、有効なメディアであることが分かったのです。テレシーが実施したタクシー広告からのリードに役職者が占める割合は、代表取締役が30％、取締役・執行役員、部長

が33％と、65％近くが経営層に近い役職。広告主テレシーとして、一番狙いたい層からの問い合わせを得ることができました。また、問い合わせをいただいた後に、テレシーのインサイドセールスがアポイントを設定させていただき商談に繋げるのですが、その商談化率は他のどの経路より2倍以上も高く、とても満足のいく結果となりました。

そのような結果を見て、広告主テレシーでは、一時的に出稿を止めた2021年1月から3月までを除いて現在までずっとタクシー広告を出稿し続け、2022年末現在に至るまで、四半期ごとに数千万円を投じ続けています。

テレシーが自らタクシー広告の価値を実感し、媒体としての大きな可能性を見出したため、20

タクシー広告は BtoB 企業の強い味方

提供：株式会社 IRIS

21年4月からは代理店としてもタクシー広告を扱い始めました。しかし、その頃は新型コロナウイルス感染症が猛威を震い、緊急事態宣言が度々発令され、外での飲食も制限されていましたから、タクシーに乗る人もほとんどいないだろうと思われて、大手広告代理店ですらタクシー広告から引き上げていきました。

それでも広告主テレシーでのタクシー広告の赤裸々な効果をお伝えすると、例えば、テレシーであれば、ウェブ上の問い合わせ・資料請求を成果地点に置いていたのですが、そのCPA（1件あたりの獲得単価）が初出稿時に10数万円という結果でした。その情報を持った上で、仮にコロナ禍でタクシー利用が半分になったらCPAは倍になるかもしれませんが、逆に倍のCPA30万円でも効果は見合うだろう。ということは、テレシーに似たようなBtoB企業にも合うだろうなと計算がたちました。このような試算をもとに、コロナ禍でタクシーに乗る人が減っても、タクシー広告の効果が見合うクライアントはある一定以上はいるだろうと判断。大手広告代理店がタクシー広告の買い切りで仕入れから身を引いたタイミングで、テレシーがタクシー広告の枠を一番多く買い切りました。そして、狙い通りテレシーと同じようなBtoB企業に対して、仕入れたタクシー広告枠を全て売り切り、扱い始めて数カ月で、大手広告代理店を抜いてタクシー広告売上高で日本一の販売代理店になったのです。

広告主として、代理店としての両面における実績からタクシー広告導入のポイントをまとめると、「ＢｔｏＢ商材」「幅広い業界に受け入れられるサービス」「ＬＴＶ（ライフ・タイム・バリュー）が１００万円以上と高いサービス」という3点を満たしている企業であれば、タクシー広告は成功する可能性が高いといえます。

また、テレビＣＭの場合はスポットＣＭで15秒を基本的にお勧めすることが多いのですが、タクシー広告の場合は30秒の尺となるので、訴求できる内容も少し増やすことができます。

社長から現場の社員までリーチできるオフィスエレベーター広告

オフィスエレベーター広告は、エレベーターホール脇に設置されたモニターやエレベーター庫内の壁にプロジェクターで投影させるタイプの広告です。

タクシー広告は会社経営者やマーケティング決裁者というコアなターゲットに向けたプロモーションですが、オフィスビルのエレベーターは社長から現場社員まであらゆるビジネス層にリーチできる特徴があります。テレシーが代理店として扱っているエレベーター広告は、都心にある比較的大規模なオフィスビルに入っているものなので、大企業をはじめ、成長軌道にあってオフィス拡幅中のスタートアップ企業まで、色々な業種の社員にリーチすることができます。

広告主テレシーとしてのエレベーター広告の問い合わせ・資料請求獲得単価であるＣＰＡは50万円超とタクシー広告に比べ獲得単価が高騰してしまいましたが、現場社員の課題解決に繋がるようなサービス、もしくは現場の社員の方が日々利用するようなサービスであれば、エレベーター広告を放映しているオフィスビルのテナント企業へは、すでに多くの社員の目に触れサービス利用のメリットを理解してもらえているので、導入までがスムーズに進みます。また、労務などをターゲットにしたＳａａＳやクラウドサービスなどのように、導入後の継続利用が重要なサービスにもエレ

社長から一般社員まで幅広い層にリーチするオフィスエレベーター広告

提供：株式会社東京

ベーター広告は効果的です。

また、エレベーター広告を放映できるオフィスビルのテナントリストもお渡しできるので、放映後、そのテナントリストへ営業をかけた時に、放映ビルと非放映ビルで、サービスの認知率が3倍、営業後の成約率が2倍強高くなるという結果が出ています。ですので、放映後にしっかりとアウトバウンドで営業することが大切になってきます。

こちらもタクシー広告と同じ最大30秒のフォーマットになるので、テレシーのように、同一のCM素材にて、タクシー広告とエレベーター広告を併用することもよく見られます。

富裕層、またはリモートワークの経営者に向けたタワーマンションサイネージ

タワーマンションサイネージは、都心のタワーマンションのエントランスやエレベーターホール、クローク周辺に設置されたデジタルサイネージのことです。元々は住民向けの案内がメインでしたが、ここに動画広告を流せるようになりました。といっても家事代行サービスやふるさと納税のポータルサイトなどの富裕層向けのＢｔｏＣ向けサービスがメインクライアントで、テレ

富裕層に届くタワーマンションサイネージはチラシの代替手段として注目
提供：株式会社フォーカスチャネル

シーが広告主としてトライするまでは、ファミリー層メインのタワーマンションに法人向け広告を流すことなどありえなかったでしょう。

しかし、果たして本当にターゲットはいないのだろうか、と思ったのです。タワーマンションにはスタートアップや大企業の経営者も多く住んでいますし、折しも、コロナ禍をきっかけにリモートワーク中心に切り替えた経営者も多いのではないかという仮説を立てました。そういえば、その時の自分もあまりオフィスには行っていないな、と。

そこで、数百万円ほど投下して、タワーマンションのデジタルサイネージにテレシーの動画広告を流してみました。結果としては、資料請求・問い合わせ獲得単価であるＣＰＡはリード単価１００万円程度になり、それだけを見ると、お世辞にもコスト効率のいいプロモーションとは言えませんでしたが、その後何人もの友人経営者から「うちのマンションでも見ました」と声を掛けてもらいました。顧客獲得の効率は低くても、認知を広げるという意味では十分効果はあったのではないかなと思います。

また、一般的にタワーマンションはセキュリティが厳しく、簡単にはチラシ配布などもできません。ところが、デジタルサイネージに出稿している特典として、サイネージ近くに設置されたラックにチラシを置くことができました。テレシーでは起用しているタレントさんを前面に出したチラシを作ることで、デジタルサイネージのみに出稿するよりも、ずらーっとタレントさんが並んでラックにチラシとして並ぶことで、圧倒的に視認性は上がったのではないかなと思います。そういったトライを経て、総合的に有益な媒体であるという自分なりの感覚を得てから、タワーマンションサイネージについても、広告代理店テレシーとして販売をスタートしています。

意外にもＣＰＡが一番良かった街を走るアドトラック

実際に出稿してみて、意外にも「アリ」だと思ったのがアドトラックでした。アドトラックといえば、音を出して街中を走り回る、トラック広告のこと。当初は、テレシーのような業態、企業が出稿するようなメディアではありませんでした。ほとんどがＢｔｏＣの企業の出稿でした。そして、このときも直前まで自粛要請が続いていて、街中でのプロモーションは壊滅的だと思われていました。

しかし、２０２1年夏から秋にかけては感染者の数も減り、落ち着いているように見えたので、そろそろ街に人が戻ってくるだろうという当たりをつけました。その頃までに、テレビＣＭ、タクシー広告、エレベーター広告、タワーマンションサイネージなどありとあらゆるメディアを使ってテレシーのプロモーションをしてきたこともあり、幅広い層にテレシーの名前がある程度届いたと思えるタイミングだったので、テレシーのようなＢｔｏＢの会社でもチャレンジしてみる価値があると思えたのです。

そうして、２０２1年10月にアドトラックにテスト出稿してみました。投下費用は２００万円程度でしたが、最初にトライした時は、あらゆる広告メディアの中で最もＣＰＡが良かったのがアドトラックでした。この結果に驚いて色々なところで話したこともあり、アドトラックに出稿したいというＢｔｏＢ企業が殺到し、今では街中のアドトラックで多くのＢｔｏＢ企業の広告が見られるようになりました。例に漏れず、アドトラックも広告代理店として取り扱いをスタートさせ、多くのＢｔｏＢ企業がテレシーを通じて出稿してくれています。

ただし、いくらＣＰＡが良いといっても、全くの無名の状態で出稿しても効果があるとはあまり思えません。テレシーがアドトラックで成功したのは、テレビＣＭやタクシー広告、エレベーター広告など一通りのマスプロモーションでテレシーの名前を露出した後で、ある程度認知度が高まったタイミングだったからかなと思っております。

自分としても初めから勝機があったわけではありませんが、様々なメディアでの成功事例を踏襲しつつ、自分な

アドトラックはコストパフォーマンスの高さで人気上昇中

提供：有限会社 GAT

りの仮説を元に、アドトラックでＢｔｏＢ広告というオリジナルの取り組みをやってみたことが功を奏したのでしょう。アドトラックに関しても、テレシー発のムーブメントをつくることができました。

「日本初の広告主」になったドローンショー広告

自分たちで費用を投下して、「日本初の広告主」となったのがドローンショー広告です。２０２２年２月に川崎競馬場にて、日本初の広告主としてテレシーが３００機のドローンショーを実施しました。ドローンの運営は、提携している日本最大のドローンショー運営会社であるレッドクリフ社です。

海外では既にドローンショーは浸透しつつありますが、日本では規制がかなり厳しく、都会や人の多いところでドローンショーを実施するのはかなり難しい状況にあります。世界のドローンショー市場はインテルがシェアを持っており、これまでの日本で開催された大規模ショーもインテルがアメリカから乗り込んできてやっていました。

そんな中でも、日本の山間部など安全にドローンを飛ばしやすい地域で少しずつ始まってきていますし、東京オリンピックを機に少しずつ規制が緩和されてきたところにも着目。ドローンのプロ集団として起業したレッドクリフ社との繋がりができたタイミングでもあり、日本でもできる環境が整い始めていました。そこで、広告主としてドローンショーを実施した事例はまだなかったので、今なら「日本初」の広告主になり、一気に認知度を上げるチャンスになると考えました。

ドローンショーについては「日本初」にかなりこだわりがあったので、3月に他社が同様のショーを検討している

東京五輪の開会式でも採用され、話題性のある
ドローンショーを日本初の広告主として実施

と知り、かなり無理をして2月中に開催しました。そのため告知といっても自分のツイッターでお知らせする程度で、ほとんど集客も告知もしないまま実施することになってしまいましたが、夜空に突如現れた光る蝶や躍動する馬などを目にした人が次々と動画や写真を撮影し、SNSにアップしてくれたお陰で、テレシーのドローンショーの様子はネット上で瞬く間に拡散されました。

ネット上で注目されたことで新聞やテレビの取材も受け、さらに情報が拡散されることになったのは「日本初」のパワーも大きかったのか、夕方の全国放送のテレビ番組からも取材を受けて、数分間私のコメントとともに実際のテレシーのドローンショー広告が放映されました。

その後、広告代理店としてドローンショー広告の販売を開始したところ、企業の周年イベントで使いたいなど、主にナショナルクライアントからの問い合わせを多数いただきました。テレシーのドローンショーは見ていなくても、東京２０２０オリンピックの開会式で見ていた人は多く、「東京五輪の開会式でご覧になったかもしれませんが」といったトークで営業しやすいのもありがたいです。

ただし、雨と風に弱いという弱点があり、日程的にシビアだと厳しいかもしれません。テレシーでも本当は2日間ドローンショーを実施する予定でしたが、強風の影響で1日しか実施できませんでした。その点さえ注意すれば、かなり有効なプロモーションだと言えます。特に、既にコモディティ商品となっている場合や、ブランドとしての好感度を上げたいという場合にマッチすると思います。また、花火大会とコラボするなどして有観客の会場で実施し、そこにSNSのインフルエンサーに来てもらえれば、統合的な効果も期待できると考えて、レッドクリフ社と連携しながら、花火大会との提携も進めています。

超富裕層をターゲットとしたヘリコプター広告を世界初で自社開発

テレシーを立ち上げてテレビCMというオフラインの世界に来るまで、アドテク業界でずっと媒体開発に関わってきた経験から、媒体が価値を帯びる条件は二つしかないと考えてきました。

それは「多くの人が見る」と「尖った人が見る」という二つです。

前者を代表するのは、マスに届くテレビというメディアが代表的ですが、そんなメディアをつくろうとしてそう簡単につくれるものではありません。

しかし、後者については目の付け所次第で実現が可能です。例えば、決裁権を持つ経営層というピンポイントのターゲットに向けたタクシー広告もそうですし、富裕層にターゲティングされたタワーマンションサイネージもそうです。

そこからさらに発展させて、「尖りきったごく一部の人」にだけにリーチするようにつくったのがヘリコプター広告です。


きっかけは、ほぼ思いつきのようなものでした。35機ものヘリコプターを所有し運航しているSpace Aviationという民間企業の社長が友人で、彼と話しているときに「ヘリコプターのユーザーは超富裕層だ」と気づいたのです。そういえば、クオリティマガジンの人も「ラグジュアリーブランドは広告予算を持っているのに、出稿先がなくて困っている」という話をしていたことを思い出しました。

ならば、タクシーの後部座席で見るのと同じタブレット型の動画広告をヘリコプターでもつくってみようと思い立ちました。ありがたいことに、タクシーサイネージのパイオニアとしてTokyo Primeを提供しているIRISの創業メンバーである元副社長も友人だったので、テレシーとSpace Aviation、IRISの3社でヘリコプター広告を開発しました。

今回は「世界初」ということで日経新聞にも取材され、電子版、紙面共に掲載されました。

ヘリコプター広告については広告主ではなく、最初からメディアを開発した媒体社テレシーとしてヘリコプター広告をスタートしましたが、リリースまでは苦労も多く、構想から半年もかかってしまいました。航空法や電波との関係など地上にはない様々な規制の問題があり、そのためのシステム開発にも時間がかかりました。

なんとか諸々の問題をクリアして、本格リリースとなったのは2022年1月。最初は1機のヘリコプターに導入しただけでしたが、イタリアの高級車メーカーが最初のクライアントになってくれました。1機の導入でどれくらい反響があるかわからなかったのでしばらく様子を見ていましたが、リリースから1カ月ほど経った頃にヘリコプターに搭乗しているスタッフから連絡があり、「さっき乗ったお客様が『広告の車を買いたいんだけど』と言っていた」と。

超富裕層向けメディアとして媒体開発から手がけたヘリコプター広告

それを聞いてヘリコプターには想像していた以上の可能性があると確信し、こちらにもブーストすることを決めて、同年6月に導入機数を大幅に増やし、本格リリースに至りました。

実際、本格リリース後は、様々なラグジュアリーブランドや超高級車、高級別荘、旅行など、超富裕層向けのサービスを展開している企業から引き合いがあり、潜在ニーズの幅広さと奥深さを実感しています。自ら事業開発や媒体開発までしたことが結果に繋がっていることは大きな自信にもなっています。

第5章

マーケティングを制する者が、経営を制する

運用型テレビCMの進化がもたらす近未来とは

では、これからのテレビCMはどうなっていくでしょうか。将来像をイメージしつつ、次に打つべき手を考えていきます。

2章でも触れたように運用型テレビCMの広告市場は拡大していくという調査結果が出ていますが、テレシーを運営している実感としても、これからの数年間で間違いなく市場が広がっていくと考えています。これまでテレビCMに興味があっても出稿できなかった企業がどんどんテレビCMを出稿してきていますし、テレビCMでPDCAが回せるようになったことで、テレビCM業界全体に良い循環が生まれてきているのを感じています。

市場が成長すれば、当然ながら競争も激しくなります。新たなプレイヤーもどんどん参入してくると思いますが、結果として業界全体が活性化するのなら、私としては大歓迎です。

将来を見据えて解決すべき課題も多々あります。例えば、ネット広告に比べて、出稿の流れがシームレスに進まないということ。テレビCMの場合、CM考査と呼ばれる放送基準に見合った内容かどうかを確認する作業を避けて通れない以上、完全に人手を介さずオートマティックに放映までできないというのは仕方ない面もあります。とはいえ、何らかの形で放送基準のチェックを担保した上でシームレスに放映できるようにならない限り、ネット広告のように自動的な配信は実現しません。

また、シームレスな自動配信が実現したとして、今いるプレイヤーにも利益があるようになっているかどうか。そういったことも含めてトータルで流れを考えていかないと、業界の特性を踏まえてもテレビＣＭ業界全体の発展には繋がらないでしょう。

とはいえ、ネットとテレビはあまりにも違うメディアです。ネット広告、ネットメディアの世界は可処分時間を激しく奪い合うバトルフィールドで、プレイヤーがコロコロと変わります。ＳＮＳだけを見ても、パイオニアと言われていたｍｉｘｉはすっかり姿をひそめ、Ｆａｃｅｂｏｏｋからも若い世代のユーザーがどんどん離れていっています。メディアの変遷も激しく、中間プレイヤーやテクノロジーベンダーはその時に一番強いプラットフォーマーに最適化して、勝ちパターンに乗るというやり方です。

対するテレビの世界では、少なくとも地上波においては放送局が大きく増えたり減ったりすることは今のところないですし、放送が免許事業であるために事業者の利益は守られやすく、比較的安定しています（これが良いか悪いかはさておき）。

ネットから見れば〝ガチガチ〟なテレビ業界ですが、テレビＣＭ業界における次なるエコシステムとは何だろうかと、最近よく考えます。もしかしたら、今のテレビ業界だからこそ大きく変えるチャンスがあるのかもしれませんし、15秒CMを1本単位で購入できるSAS（スマート・アド・セールス）のような「第三のテレビCM」に注目が集まり、放送局各社が次々とSASをスタートさせているように、やり方次第で実現可能だとも思うのです。

しかし、システムができるだけでは誰も利用しません。新しいテクノロジーを用いたシステムができるとそちらばかり注目されますが、そのシステムにどのような意味があり、結果として利用者である広告主がどのように自社の売上向上に繋がるかを実感できないことには、無用の長物にすぎません。手段としてのテクノロジーを適切に使い、テレシーとしても、今までテレビ業界には縁遠かった人たちを呼び込み、しっかりPDCAを回しながら良い流れをつくっていき、業界全体の活性化にも貢献したいと考えています。

コネクテッドTVの普及が広告メディアにもたらすもの

メディアの今後を考えると、遠からず、テレビというものの捉え方も変わってくると予想しています。日本では3人以上が暮らす世帯の95％以上がテレビ受像機を所有していて、各家庭に置かれたテレビという筐体は、主に地上波放送を見るための受像機として機能してきました。しかし、視聴者にとっては、今見ているものが放送か通信かなどどうでもいいことです。

実際、近年は「コネクテッドTV」と呼ばれる、インターネットに接続されたテレビが急速に増えてきています。電通が2021年8月に行った「コネクテッドTV利用実態調査」によれば、TVerやYouTubeなどの動画配信サービスをテレビ受像機で見ている人も多く、テレビは「テレビ放送を見るためのデバイス」から「動画コンテンツ全般を見るデバイス」へと変わりつつあるとのこと。動画コンテンツの中でも、NetflixやAmazonプライム、ビデオなど映画のような長尺コンテンツはテレビ受像機での視聴が多く、YouTubeなどの短い動画作品を見る動画サービスも、テレビで見るときは一人ではなく誰かと一緒に見る共視聴が多いことがわかりました。

テレシーが提供している価値は、今まで効果測定ができないとされてきた地上波テレビCMの効果を統計分析の手法を用いて、高精度で可視化するというものです。この価値は、地上波テレビに限らず、YouTube視聴などのコネクテッドTVでも共通して適用できるものとして特許を取得し、こちらも近年増えているといわれている家庭用プロジェクターなど、ハードウエアの変化にも対応できるものだと考えています。

テレシーはコンテンツメーカーではありませんから、直接コンテンツの価値を創造することはないので、配信方法などを最適化して、事業者側への満足度を高める。それが良いコンテンツをつくるための原資となり、結果として、視聴者の満足度アップにつなげていきたいと思っています。

今のところ、テレシーの主な取引先は放送局ですが、コネクテッドＴＶ的な動き方をすることで新たなプレイヤーがジョインしてくることも考えられますし、クライアント企業と一緒につくり上げてオンオフ統合していくなど、近い未来、さらにシームレスな事業をつくっていくことを構想しています。

より具体的なプランとしては、テレシーが特許を取得している効果測定アルゴリズムはコネクテッドＴＶでも通用することがわかっているので、テレビＣＭを出稿する前のテストマーケティング的な活用法ができるのではないかと考えています。それならば、地上波テレビＣＭを中心とした現在の事業とも連動性がありますし、全体をマージして規模が拡大すればクライアントの細かなニーズにも対応しやすくなるはずです。

コネクテッドＴＶは、ネットとテレビをつなぐ起爆剤にもなりうるかもしれません。

複雑化する広告メディア市場でマーケターが身に着けるべき力とは

第4章でご紹介した当社が取り扱っているメディアの数々を見てもわかるように、テレビCMを含むオフライン広告も拡張し続けています。事業成長に繋がるよう最適なプロモーションを考えていくマーケターは、メディアやパートナーの選定、社内のセールスやプロモーション環境整備など、かなり複雑かつ煩雑な作業を強いられることになります。しかも、次々と新しいテクノロジーやメディアが登場する今の時流を見極めて、その中をどう生き抜いていくかも考えなければなりません。

第3章の事例紹介で対談してくれたお二人の話からも、マーケティング担当者の企画力、交渉力などがプロモーションでいかに重要であるかお分かりいただけるかと思います。

そういったことを踏まえて、メディア側の立場に立ってアドバイスできることがあるとすれば、ここまで紹介してきた広告メディアは「すべて手段でしかない」と認識するということ。特に、近年のマーケティング用語は3文字英語にまみれていますが、あくまでそれらも何かを確認するための手段にしかすぎず、そこを重視しすぎると手段の目的化となり踊らされて本質を見失います。

さらなる事業成長のための一つの手段として、テレビＣＭを検討する段階になったら、ファクトベースでメディアやパートナーを検討することをお勧めします。ここでは「手段としてのテクノロジー」も多少は重要な意味を持ってきます。「有名な賞を取った著名なクリエイティブディレクターだから」ということが、本当に自社の売上アップ、事業成長に繋がるのか、そういったところから本質に向き合っていくべきです。

広告代理店やクリエイティブ側の都合など関係なく、クライアントのことを第一に考えて、そのための努力を惜しまずに伴走してくれるパートナーなのかどうか、ファクトを踏まえつつ、選定していくことをお勧めします。

広告の目的は「知ってもらう」「好きになってもらう」「買ってもらう」という3つに集約され、テレビは「知ってもらう」と「好きになってもらう」に効果的なメディアです。ただし、この2つを最大化させるために重要なのは「メディアバイイング」と「クリエイティブ」。特に「クリエイティブ」は感覚的なところも大きく、事前にシミュレーションしづらいものです。

テレシーのケースでもお伝えしたとおり、テレシーが制作した3パターンのＣＭのうち最も効果があったのは、その当時ド素人の私がクリエイティブディレクターとして最安値で制作したパターンでした。それ程クリエイティブはわからないものですし、正解がありません。

そうなったときに大事なのは、クライアント自身が納得しているかどうか。メディア、クリエイティブ共にとことん議論を重ねて、テレビというメディアを使って自社の事業を次のステージに上げていくのだという強い気持ちで取り組んでほしいと思います。

常に変化し続けるために必要な「折れない心」

広告主として「失敗しない方法」を聞かれることもありますが、これさえやれば絶対勝てるといえる〝銀の玉〟のようなものはありません。効果を数値化・可視化して、試行錯誤しながら、ハイスピードでＰＤＣＡを回し続けても、なかなか効果が得られない日が続くこともあります。それでも心折れずにＰＤＣＡを回して、その間に良い仲間を集めて、変化しながら前に進んでいくしかない。

結局、必要なのは「折れない心」なのかもしれません。

その中で大切なのは、「変化」していくこと。マーケティングに限らず、ビジネスの世界では今日正解だったことが明日は失敗ということは多々あります。私の場合はたまたまテレシーを立ち上げて順調に成長してこられていますが、このやり方が永遠に通用するとは思っていません。

ここから先は、これまでの経験に囚われすぎず、過去の成功を捨てて、変化していく力がますます重要になっていくと考えます。

最近の日本企業を見ていても、過去の栄光にすがるような経営の仕方をしているところは前進できていません。そのような会社を見ていると、過去に大きな成功をしていることは、むしろ弊害になっているようにも思えます。

近頃は経営者イベントなどに参加すると、20歳くらいのスタートアップ経営者がたくさんいて、アグレッシブに最先端の情報をキャッチしにいっています。そんな若手経営者たちを見ていると、自分も過去の成功にすがる老害にならないようにしないとと強く感じます。多くの経験を積んだ上の世代から学べることもあるかもしれませんが、驚くほど変化のスピードが速い今、学ぶべきは圧倒的にZ世代などの若い世代です。そんな若い人に相手にしてもらえるように、自分自身が変化し続けなければと痛感しています。

最近ではマーケティング関係のイベントなどでも、Z世代がセミナー講師を務めることは珍しくありません。少し前までは経験豊富で立派な肩書きを持っているベテランに学ぶことが当たり前でしたが、世の中はこんなにも変わったのです。

これから何か新しいことをしようと思うならば、まずは新しいことにチャレンジしている若い人たちから学ぶべきなのかもしれません。

「守破離」を軸とした経営戦略

結局のところ、経営でもマーケティングでも、全ての仕事において大切なのは「守破離」だと考えています。修行や修養における段階を示す言葉で、守破離によりイノベーションが起こり、ビジネスを切り拓いていけるはずです。

もう少し具体的に見ていくと、「守」は、周囲をよく観察して、成功しているところを探すこと。まずは、王道を進んでみようという考えです。例えば、テレシーの場合、ＢｔｏＢ企業がタクシー広告で成果を挙げているというのであれば、自分たちもタクシーＣＭを試してみる。また、守には「やるべきことをきちんとやる」という意味も含まれます。本書で何度も書いているように、お金を掛けてプロモーションをする以前の、お金を掛けなくてもできる「バケツの穴をふさぐこと」ができるようになって初めて「破」を目指すことができます。

「破」は、自分なりに新しい形をつくり破っていくイメージ。テレシーでのタワーマンションサイネージやアドトラックは、それまでＢｔｏＣのものだと思われたものをあえてＢｔｏＢで実行してみて成功した例。メディア自体は新しいものではないですが、ＢｔｏＣだったところにＢｔｏＢという風穴を開けた形になります。

最終段階ともいえる「離」は、はじめに立っていた場所から離れて、ゼロから自分のフィールドをつくるようなこと。まだまだ規模は小さいですが、私にとってはヘリコプター広告がこれにあたります。

この考え方は企業や組織、事業だけでなく、個人としても同じだと思っています。

はじめは上司や先輩など尊敬している人を真似るところからスタートして、自分なりの型を求めて破っていき、最終的には自分で自分の居場所をつくる。「守」から「破」、「破」から「離」と進むたびに、自分の裁量の範囲を広げていくことにもなります。特に「守」から「破」に進むときには、自分のやりたいことを上司に通す力、人を説得して巻き込む力などがついて、一気に成長できるときです。

私がテレシーで一緒に働きたいと思うのもそんな人材です。

どんな仲間と、どんな組織をつくっていくか

テレシーは立ち上げから一気に成長したので、すごく成功していると思われているかもしれません。しかし、今の業界内の立ち位置としても、自分たちが目指すものとしても、まだまだだと思っています。

さらなる大きな市場をとるために、今はまさに組織や事業をつくっていくタイミングにあります。そのためにあらゆる職種の仲間を更に集め、強い組織をつくろうと奮闘しています。

大切にしているのは、トップがどこを向いてどのように旗を振っているかを示すリーダーシップと、それを実現するための組織づくりです。

私自身は凡人中の凡人だと自覚していますが、だからこそ、自分より優れた能力をもつ人たちを集めることだけは偶然にも成功してきています。そのお陰で、「守」から「破」へ、「破」から「離」へという苦しい局面も切り抜けることができました。

平凡な自分に多少なりともリーダーとしての資質があると気づいたのは、ネット広告やアドテクでやってきた経験によるものも大きいですが、両親を含む親族が商売人で、幼少期からそんな親の背中を見てきたからかもしれません。商売人の背中を見て、感心することも反面教師として学ぶことも共にあり、自分でその立場になればこういうふうに進めようと昔からシミュレーションをしてきました。

前に社長をしていたｆｌｕｃｔで会社経営に携わるようになってからも、自分自身が苦しい思いをしている時に、周囲の経営者たちが失敗した様子を見ながら、次はこうしよう、反面教師にして自分はしないでおこう、などその時々の思いや学びを糧に変えてきました。

自分自身を分析してみると、基本的には雑だけれど、ここぞという肝の部分では非常に繊細で、かつ大胆にもなれます。その時の温度や空気といったものをかなり意識しながら、組織を少し俯瞰するようにして舵取りしています。

今のテレシーにも、あらゆる職種で素晴らしい人材が揃っていて、取材などで「テレシーが急成長した要因は？」と聞かれたら、必ず「人材です」と答えます。電通出身でバイイングを知り尽くしているスペシャリストをはじめ、ストラテジックプランニングのスペシャリスト、データサイエンティストなど、広告業界の経営幹部クラスやその領域のスペシャリストが次々とジョインしてくれました。彼、彼女らがテレシーの急成長の原動力であることは間違いありません。

そんな彼らのお陰でここまで順調に成長を遂げてきましたが、運用型テレビＣＭ市場の急拡大に伴って競争が激化することは必至で、数年以内に必ず厳しい状況がやってきます。そうなれば順調だった業績も伸び悩み、場合によっては下がってくることもあるでしょう。それでも笑って前を向いて一緒に進めるメンバーを集めていますし、厳しい状況であることも含めて楽しめるようなメンバーを集めています。

今のテレシーのメンバーがいるからこそまだまだ伸びる手応えがあり、テレビＣＭの価値の再発掘もできると思いますが、さらに規模・領域を拡大するためには、さらなる人材確保が急務です。

私が人材採用で重視していることは、テレシーの「4 Spirits」として掲げている「真摯」「早くて速い」「ブルドーザーシップ」「必然をつくる」が備わっていること。そして、稟議をあげても1カ月以上かかったり、提案をしても通らない壁があったりするなど、今いる環境で閉塞感を感じていて、暴れたいのに暴れられず苦しんでいるような人に来てほしいと思っています。テレシーは即断即決即実行の組織で、いくらでも暴れられる土俵がありますから。もし本書を読んでテレシーで働くことに興味がわいたら、ぜひ声を掛けてください。

一見綺麗に聞こえる「オンオフ統合」の言葉に惑わされず、本質を追求し続ける

運用型テレビＣＭに新しいテクノロジーが生まれ、新たなプレイヤーが参入する中で、テレシー

としてどこへ向かうかを考えていかなければいけません。

短期目標として掲げているのは、運用型テレビCM市場において圧倒的ナンバーワンになること。現時点では売上トップにはなれたものの、わずかに風向きが変わるだけであっという間に他社に追い抜かれてしまうほど脆弱です。まずは盤石な地位を確立するために、広告主テレシーとしてのマーケティングや人材確保を急ピッチで進めています。

もう少し未来へ向けた中期的な目標としては、運用型テレビCMという閉じた領域だけでなく、オンライン、オフライン問わずあらゆる広告メディアを、広告主の課題やニーズに合わせて、戦略からプランニングに落とし込み、自在に料理できるようになること。タクシーCMやエレベーターCMについては既に日本一の販売広告代理店となっていますが、クライアントの課題解決のためには選択肢が多い方がいいので、各メディアとの連携や、オンライン領域に長けたパートナー連携も重視していきます。最終的には、令和の時代にあった新しい形の総合広告代理店として存在感がある状態を目指しています。

ゴールに辿り着く手段として、これまでやってきたことと変わらないことと、まったく新しいこととあるでしょう。今のテレシーの柱であるテレビCMをオンライン広告のように可視化できるダッシュボードやプラットフォームが手段として有効ならば、磨き続けていきます。

その延長線で、オンラインとオフラインが統合できるようなサービスを目指しつつ、あくまで手段のひとつとして、地に足をつけてプロダクトを磨いていきます。新しいカタカナやアルファベット3文字のマーケティング用語がでてくるとなんとなく有効そうに見えたり、一見凄そうに見えたりしますが、本当に有効な指標なのかと考えると疑わしいものも少なくありません。トータルで可視化できる環境がしっかり整備されていないのに、言葉上だけの「オンオフ統合」が市場に複数、もしくは多くあるなと感じています。

オンラインとオフライン、分けて管理する方が有効ならば、それは分けるべきです。手段としてどちらが有効か、という視点からブレることはありません。オンオフを統合するならば、胸を張って出せるものだけを出していきたいと思っています。

一番の目的はクライアントの事業成長に貢献していくことで、そのために有効な広告の仕事を私たちは続けています。

私はネット広告も含めれば15年ほど広告業に携わってきました。ですから、広告業界にはもっと盛り上がってほしい。このままではネット広告以外のあらゆるメディアがGAFAに持っていかれかねないと本気で危惧していますし、メイドインジャパンで盛り上げたい気持ちもあります。

テレビCMに関しては、簡単には外から入り込めない構造だからこそ、気がつかないうちにジワジワと衰退してしまうかもしれません。まさに、茹でガエル現象です。そういう業界にとって、自分たちは良いスパイスになるはずです。既存のプレイヤーには新参者と思われているでしょうが、新参者が新領域を開拓し急成長しているのを見て「自分たちも新しいやり方をしなければいけない」と気づいて創意工夫するようになり、結果として業界全体を盛り上げる効果は十分にあると思っています。

少々大げさに聞こえるかもしれませんが、テレシーの存在によってテレビCMの価値が再発掘され、そこから日本経済の活性化につながれば、これほど素敵なことはありません。

どこよりも早く運用型テレビCMのグローバル展開をスタート

長期的な目標としては、ヘリコプター広告のような事業開発に注力することを考えています。今はテレシーアナリティクスを持つプラットフォーマーや、運用型テレビCMテレシーの広告代理店としての事業が中心ですが、メディア開発から仕掛けることのできる事業開発会社という立ち位置で事業を育てていきます。まさにそのような事業展開をしてきたのがサイバーエージェントで、ネット広告代理店からスタートし、数々の事業開発、メディア開発と見事に面での展開を広げてきました。テレシーはサイバーエージェントと同じやり方はできませんが、自分たちなりの切り口で、自分たちだからこそできる領域を開拓していくことになるでしょう。

長期的な可能性の中には、海外展開も含まれます。

海外展開の下準備のため、２０２２年度はグローバル展示会などに多数出展した結果、日本マーケットに興味を持っている海外クライアントは山ほどいることが分かりました。例えば、グローバルなゲームデベロッパーにとっては、英語圏、中国語圏に次いで日本語圏が大きなマーケットとされていて、日本のユーザー向けにもっと積極的なプロモーションをやりたいという意向があります。コスト意識の高い海外のクライアントほど費用対効果の評価をシビアに行うので、テレシーの仕組みは非常に高く評価されています。あまり知られていませんが、実は、テレシーではトルコのゲーム会社のテレビＣＭを請け負い、かなりの実績を上げているのです。

同じようなクライアントは世界中にまだ多数いて、外貨獲得のチャンスとなります。海外クライアントの獲得については日本の大手広告代理店も十分に手が回っていない状態なので、早めに動くほど良いポジション取りができて有利です。実際に、２０２２年に欧州の寝具メーカーから日本進出の本格化でテレビＣＭを受注するなど、グローバルチャレンジの成果も出始めています。

海外のクライアントを日本に呼び込むのとは逆に、こちらから海外に出て行く戦略も考えています。すでに日本で特許を取得しているテレシーアナリティクスをはじめとした効果測定技術はテレビCMに限定した技術ではないので、海外でも十分に通用する武器になるはずです。すでに海外の特許取得のために動き出しています。

ヨーロッパをはじめ世界中で個人情報の保護が厳しくなっている今、個人を特定せずに効果を測定できる技術へのニーズが増しています。テレシーが持っている技術をうまく応用すればグローバルtoグローバルも実現でき、海外で広告主とメディアの両方を見つけてくることも可能でしょう。

先述したコネクテッドTVの普及は、テレビという各国に閉じた枠組みを取り払うことになるので、テレシーにとっても追い風になります。そのようなグローバルな展開をメイドインジャパンで実現したいのです。

ビジネスパーソンとして描く将来のビジョン

最後に少しだけ、テレシーではなく、私個人としての将来ビジョンについても恥ずかしながらお話しいたします。

といっても、大それたビジョンなど昔からないタイプです。以前から狙ってホームランになるタイプではなく、ヒットの延長線がホームランになるタイプ。楽しいと思うこと、大切だと思うことを一緒にやってくれる仲間を集めてゴールに向けてただ一心に進めていると、気づいたら形になって、それがどんどん大きくなっていくイメージです。

先でも書きましたが、私は凡人だと自覚しています。それでも何とか頑張れるということは、ぜひとも伝えたいことです。

数千億円の上場企業を一代で築き上げたような経営者の方からお話を伺うと、皆さんの世界線はあまりに異次元で、自分を卑下してしまいがちです。そういったときに感じる劣等感もありながら自分も頑張ろうという思いで日々生きています。世界平和みたいなビッグビジョンはありませんが、仲間と日々笑いながら、踠《もが》きながら、顧客に市場にそして仲間に対してプラスの影響を与え続けられる人間でいたいなと思っています。年齢を重ねても、謙虚で、常に変化し、周りにポジティブな影響を与えられて、これまでお世話になった方々に誇りに思ってもらえる格好いいおじさんを目指して頑張ります。

私は何歳になっても仕事を辞めることはないと思います。三方良しが実現できる環境で、良い仲間を集めて、笑いながら仕事をして、少しでも日本や社会に貢献していきたいと思っています。

あとがき

最後までお読みいただきありがとうございます。２０１９年にネット広告に市場規模が抜かれたテレビＣＭ。もうテレビＣＭはオワコンなのか。そういった声が増えてきている中、私は２０２０年に初めてこの領域に足を踏み入れました。何もかも初めて触れるテレビＣＭの世界でしたが、そこにはまだまだ無限の可能性があることを身を以て実感しました。

やりようによってはまだまだ拡張性があり、多くの広告主の更なる事業成長に繋げられる媒体であると、事業をスタートしてからのこの2年で確信しました。

新しい切り口として活況を帯びている運用型テレビＣＭ。そして、立ち上げ2年で年間売上50億円を超えたテレシーの生々しい軌跡と戦略を、事業拡大を目指す経営者、マーケター、そして未来の仲間にテレシーに興味をもってもらえることを期待して、この本を執筆致しました。

読者の皆様にとって、少しでも参考になった箇所があれば嬉しいです。

ｆｌｕｃｔというアドテクノロジーの会社の2代目代表に就任し、時代の流れに乗って売上を20億から１１４億に成長させることができ、次はまたゼロから創業社長として立ち上げたテレシー。立ち上げ2年はあまりにもうまくいきすぎたと思っていますし、今後はもっともっと高い壁が現れると思います。

そういった高い壁も、今いる仲間、今後一緒になる仲間と共に笑って乗り越え、2度目の100億円事業で止まらず、200億円、500億円、1000億円と更なる高い次元に到達できるよう、日々邁進していきたいと思います。

本書を作成するにあたり、様々な方に支えていただきました。

対談を引き受けていただいた弊社のパートナーであるNORTH AND SOUTH／南マ研の南坊泰司さん、クライアントのSHEの五島淳さん、グラムスの黒田俵伍さん、本の帯を書いてくださった、テレビCMを駆使しスタートアップから日本を代表する会社をつくられたメルカリ会長の小泉文明さん、本の内容をチェックしてくれたテレシーのみんな、本のデザインやタイトルの見せ方に関してアドバイスをくださったmederiの坂梨亜里咲さん、日々一緒に働いてくれてるテレシーのみんな、fluctなどでこれまで自分と働いてくれたみんなとその時のクライアントの皆様、大切な大切なお金を我々に託してくれているクライアントの皆様、パートナーの皆様、いつも切磋琢磨できるかけがえないのない友人達、そして多少強引で荒い進め方をしていても、特に咎めることなく私に完全に任せてくれる宇佐美さん、西園さんを筆頭としたCARTA HOLDINGSの経営陣およびバックオフィスのみなさん、電通ラテ局の皆様、執筆の機会を与えてくださった宣伝会議の皆様、小さい頃から商売のいろはを背中で見せ続けてくれたおかん、いつも支えてくれてる家族、これまでの人生で出会ってきたすべての皆様に深く感謝しつつ、筆を置きます。

土井 健　どい・けん
株式会社テレシー　代表取締役CEO

同志社大学卒業後、サイバードへ入社。モバイル広告代理店事業立ち上げに従事。2011年にECナビ（現CARTA HOLDINGS）に入社。グループ会社であるfluctに出向し、スマートフォンSSP「fluct」の立ち上げに参画。年間売上高20億から114億の日本最大級のSSPに育て上げ、東証一部（当時）上場に貢献。2016年fluct代表取締役を経て、2020年VOYAGE GROUP（現CARTA HOLDINGS）取締役に就任しテレシーの立ち上げに参画。2021年、テレシー代表取締役CEO（現職）。運用型テレビCM事業の成長を主導するとともに、タクシー広告、アドトラック、世界初のヘリコプター広告などのメディアにも注力する。

テレビCMの逆襲

運用型CMで売上50億を2年で実現した
テレシーCEOの実践広告論

発行日　　2023年1月17日　初版第一刷発行

著　　者　土井 健
発 行 者　東 彦弥

発 行 所　株式会社宣伝会議
〒107-8550 東京都港区南青山 3-11-13
TEL.03-3475-3010
https://www.sendenkaigi.com/

装　　丁　加藤愛子（オフィスキントン）
本文デザイン　株式会社ウララコミュニケーションズ
印刷・製本　シナノ書籍印刷株式会社

ISBN978-4-88335-567-9

宣伝会議 の書籍

宣伝会議 の書籍

The Art of Marketing マーケティングの技法

音部大輔 著

メーカーやサービスなど、様々な業種・業態で使われているマーケティング活動の全体設計図「パーセプションフロー・モデル」の仕組みと使い方を解説。消費者の認識変化に着目し、マーケティングの全体最適を実現するための「技法」を説く。ダウンロード特典あり。

■本体2400円＋税　ISBN 978-4-88335-525-9

パーパス・ブランディング 「何をやるか？」ではなく、「なぜやるか？」から考える

齊藤三希子 著

近年、広告界を中心に注目されている「パーパス」。これまで海外事例で紹介されることが多かったパーパスを、著者はその経験と知見からあらゆる日本企業が取り組めるように本書をまとめた。「パーパス・ブランディング」の入門書となる1冊。

■本体1800円＋税　ISBN 978-4-88335-520-4

ユーザーファーストの新規事業 社内の資産で新たな成長の種をまく

中村慎一 著

パナソニックや損保ジャパンで新規事業の開発を手掛けてきた筆者が、実体験をもとに企画立案から経営資源の集め方、アライアンスの方法に至るまで、そのノウハウを余すことなく公開する。事業の立ち上げに携わる人必携の一冊。

■本体1800円＋税　ISBN 978-4-88335-553-2

クロスカルチャー・マーケティング 日本から世界中の顧客をつかむ方法

作野善教 著

海外の消費者や国内に住む外国人、訪日旅行客を見据えたマーケティングの考え方、組織づくり、市場・顧客分析、クリエイティブなどについて解説。国内市場の成熟が進むなか、日・米・豪で企業のマーケティングを支援してきた筆者による、これからの日本企業への指南書。

■本体2000円＋税　ISBN 978-4-88335-559-4

詳しい内容についてはホームページをご覧ください　www.sendenkaigi.com